Der Autor

Dr. Joseph Murphy (1898–1981) war Doktor der Philosophie, der Religionswissenschaften und der Rechte. Als international anerkannter Lehrer, Autor und Dozent verbreitete er seine Vorstellung vom positiven Denken aus christlicher Gotteserkenntnis. Er gilt als einer der profiliertesten Religionswissenschaftler der USA. Seine Bücher wurden in mehr als dreißig Sprachen übersetzt und begeistern noch heute Millionen Leser in aller Welt.

Von Joseph Murphy sind in unserem Hause erschienen
Das Erfolgsbuch
Werde reich und glücklich
Dein Recht auf Glück
Die Wahrheiten für ein perfektes Leben
Die Macht Ihrer Wünsche
Die Macht der Suggestion

Wie man an sich selbst glaubt (Allegria)
Wie uns die Liebe heilt (Allegria)
Gottes Geschenke (Allegria)

Schule des positiven Denkens – Für den Wohlstand und Erfolg
Schule des positiven Denkens – Für das richtige Selbstbewusstsein
Schule des positiven Denkens – Für Gesundheit und Vitalität
Schule des positiven Denkens – Für ein erfülltes Leben
Schule des positiven Denkens – Für die Freiheit von Angst
Schule des positiven Denkens – Für ein Leben mit Gott

Dr. Joseph Murphy

Schule des positiven Denkens –

Für das richtige Selbstbewusstsein

Aus dem Amerikanischen von
Michael Nagula

Ullstein

Besuchen Sie uns im Internet:
www.ullstein-taschenbuch.de

Ullstein Esoterik
Herausgegeben von Michael Görden

Aus dem Amerikanischen übersetzt von Michael Nagula
Titel des Originalmanuskriptes

DR. JOSEPH MURPHY

®

MAXIMIZE YOUR POTENTIAL THROUGH THE POWER OF YOUR SUBCONSCIOUC MIND TO DEVELOP SELF CONFIDENCE AND SELF ESTEEM. One of a Series of Six New Books By Joseph Murphy, DD, Ph.D. Edited and Updated for the 21st Century By Arthur R. Pell, Ph.D.

Umwelthinweis:
Dieses Buch wurde auf chlor- und säurefreiem Papier gedruckt.

Deutsche Erstausgabe im Ullstein Taschenbuch
1. Auflage Oktober 2006
3. Auflage 2008

Umschlaggestaltung: FranklDesign, München
Titelabbildung: www.leeladhar.com
Gesetzt aus der Optima
Satz: hanseatenSatz-bremen, Bremen
Druck und Bindearbeiten: GGP Media GmbH, Pößneck
Printed in Germany
ISBN 978-3-548-74305-9

Inhalt

Einführung

Wache auf und lebe! Niemand ist dazu bestimmt, unglücklich zu sein, sich vor Angst und Sorge zu verzehren, in Armut zu leben, bei schlechter Gesundheit zu sein und sich zurückgewiesen und minderwertig zu fühlen. Gott hat alle Menschen nach seinem Bild erschaffen und uns die Macht verliehen, Missgeschicke zu überwinden und Glück, Harmonie, Gesundheit und Wohlstand zu erlangen.

Du hast in dir die Macht, dein Leben zu bereichern! Wie dies gelingen kann, ist kein Geheimnis. Seit Jahrtausenden wird darüber geschrieben, wird es gepredigt und praktiziert. Du findest es in den Büchern der alten Philosophen. Alle großen Religionen haben darüber berichtet. Es steht in den hebräischen Schriften, in den Evangelien der Christen, im Koran der Muslime, in den Sutras der Buddhisten, der Bhagavad-Gita der Hinduisten und in den Schriften von Konfuzius und Laotse. Du findest es auch in den Werken der modernen Psychologen und Theologen.

Das ist die Grundlage der Philosophie von Dr. Joseph Murphy, einem großen inspirierten Schriftsteller und Prediger des zwanzigsten Jahrhunderts. Er war nicht nur Pfarrer, sondern auch eine herausragende Autorität auf dem Gebiet der modernen Interpretation religiöser Schriften. Als Geistlicher und Leiter der Church of Divine Science in Los Angeles – der Kirche der Wissenschaft von Gott – hielt er jeden Sonntag Vorträge und Predigten vor 1300 bis 1500 Menschen. Millionen lauschten seiner täglichen Radiosendung. Er schrieb über dreißig Bücher. Sein berühmtestes Buch *Die Macht Ihres Unterbewusstseins* erschien erstmals 1963 und wurde auf Anhieb ein Bestseller. Es gilt als eines der besten Selbsthilfebücher, die jemals geschrieben wurden, wurde allein in Deutschland zwei Millionen Mal verkauft und wird noch immer überall auf der Welt vertrieben.

Nach dem Erfolg dieses Buches hielt Dr. Murphy vor Tausenden von Menschen in mehreren Ländern Vorträge. In diesen Vorträgen schilderte er, wie normale Menschen ihr Leben grundlegend verbessert haben, indem sie sich bestimmte Aspekte seiner Konzepte zu Eigen machten, und stellte praktische Anleitungen zur Verfügung, wie alle Menschen ihr Leben bereichern können.

Dr. Joseph Murphy war ein Befürworter der New Thought-Bewegung. Zahlreiche Philosophen und tiefschürfende Denker, die dieses Phänomen studierten und eine neue Sichtweise des Lebens predigten, darüber schrieben und sie auch praktizierten, entwickelten diese Bewegung im ausgehenden neunzehnten und beginnenden zwanzigsten Jahrhundert. Indem sie metaphysische, spirituelle und pragmatische Herangehensweisen mit der Art, wie wir denken und leben, kombinierten, offenbarten sie das Geheimnis, wie wir das erlangen können, wonach wir uns wirklich sehnen.

Diese Philosophie war keine Religion im traditionellen Sinn, beruhte aber auf dem bedingungslosen Glauben an ein höheres Wesen, an eine ewige Gegenwart, Gott. Sie wurde bei verschiedenen Namen genannt, wie »New Thought« und »New Civilization« – Neues Denken und Neue Zivilisation.

Die Anhänger des New Thought oder der New Civilization predigten eine neue Sicht des Lebens, die neue Methoden erfordert und bessere Ergebnisse hervorbringt. Ihre Überlegungen beruhten auf der Vorstellung, dass die menschliche Seele mit dem atomaren Geist der universellen Substanz verbunden ist, die unser Leben wiederum mit dem universellen Gesetz der Versorgung verbindet, und dass wir die Macht und Größe haben, dieses Gesetz anzuwenden, um unser Leben zu bereichern. Um unsere Ziele zu erreichen, müssen wir an ihnen arbeiten, und bei dieser Arbeit gehen wir durch die Kümmernisse und Fährnisse des

Menschseins. Wir sind zu all diesen Dingen aber nur dann in der Lage, wenn wir ein Verständnis für dieses Gesetz entwickelt haben, das Gott anscheinend irgendwann einmal in Rätseln niedergeschrieben hat.

Das Konzept des New Thought lässt sich in den Worten zusammenfassen: *Du kannst werden, was du sein willst.*

Alles, was wir erreichen, und alles, was wir nicht erreichen, ist das unmittelbare Ergebnis unseres Denkens. In einem geordneten Universum, in dem der Verlust des Gleichgewichts die völlige Zerstörung bedeuten würde, muss die Verantwortung des Einzelnen absolut sein. Unsere Stärken und Schwächen, unsere Reinheit und Unreinheit gehören allein uns und niemandem sonst. Sie werden von uns herbeigeführt und von niemandem sonst. Nur wir selbst können etwas ändern und niemand sonst. All unser Glück und all unser Leid entwickelt sich aus uns heraus. Wie wir denken, so sind wir; wie wir weiterdenken, so bleiben wir. Die einzige Art, wie wir uns erhöhen, von etwas Besitz ergreifen und etwas erreichen können, besteht darin, unsere Gedanken zu erhöhen. Der einzige Grund, weshalb wir schwach, niedrig und erbärmlich bleiben könnten, besteht in der Weigerung, unsere Gedanken zu erhöhen.

Alle Leistungen, ob in der Geschäftswelt, auf intellektuellem oder spirituellem Gebiet, sind zweifelsfrei das Ergebnis gerichteten Denkens und verdanken sich demselben Gesetz und derselben Methode; wer wenig erreichen will, muss wenig opfern; wer etwas vollbringen will, muss viel opfern; wer sich eine Menge vorgenommen hat, muss zahlreiche Opfer bringen.

Neues Denken bedeutet auch neues Leben: ein Leben, das in jeder erdenklichen Hinsicht gesünder, glücklicher und erfüllter ist.

Das »Neue Leben« beruht auf uralten universellen Gesetzen des Geistes und der unendlichen Spiritualität im Herzen und im Geist eines jeden.

Eigentlich ist am New Thought nichts neu, denn es ist so alt und ehrwürdig wie die Menschheit selbst. Es ist nur neu für uns, die Wahrheiten des Lebens zu entdecken, die uns von Mangel, Begrenzung und Unglück befreien. In diesem Moment wird New Thought zu einem erneut einsetzenden, sich ausdehnenden Bewusstsein unseres göttlichen Potenzials, das es uns erlaubt, unsere individuellen und natürlichen Fähigkeiten, Begabungen und Talente stärker zu leben und zum Ausdruck zu bringen. Zentral für dieses geistige Prinzip ist, dass neue Gedanken, Ideen, Vorstellungen und Überzeugungen auch neue Bedingungen erschaffen. Wie Jesus einst sagte: »Was ihr in eurem Vertrauen von mir erwartet, soll geschehen« (Matthäus 9, 29). Das Wesen des New Thought besteht in der fortwährenden Erneuerung unseres Geistes, damit wir prüfen können, was gut und was schlecht ist und was der vollkommene Wille Gottes.

Eine Prüfung dient dazu, sich Gewissheit zu verschaffen, zuverlässige Kenntnis von etwas zu gewinnen und entsprechende Erfahrung. Die Wahrheiten des New Thought sind praktisch anwendbar, leicht zu demonstrieren, und sie liegen in einem Bereich, der jedermann zugänglich ist – wenn er oder sie diese Wahl trifft.

Alles, was dazu erforderlich ist, sind ein offener Verstand und ein bereitwilliges Herz: offen dafür, alte Wahrheiten zu vernehmen, die auf neue und andere Weise präsentiert werden, bereitwillig, alte, überholte Überzeugungen zu ändern und aufzugeben und neue Ideen und Konzepte anzunehmen – eine höhere Vision vom Leben zu haben und die heilende Gegenwart in sich zu spüren.

Der ganze Sinn und Zweck des New Thought ist die Erneuerung unseres Verstandes. Ohne diese ständige tägliche Erneuerung kann es keine Veränderung geben. Das New Thought begründet eine vollkommen neue Einstellung und ein neues Bewusstsein, das uns inspiriert und befähigt, in den »Überfluss des Lebens« einzutreten.

Wir haben in uns die grenzenlose Macht, zu wählen und Entscheidungen zu treffen, und die vollkommene Freiheit, diese Entscheidungen auch umzusetzen, wir können uns transformieren lassen, d.h., nach dem leben, was schon eine Form angenommen oder bekommen hat – die für unsere Sinne, Vorstellungen, Überzeugungen und die Verfügungen anderer sichtbar und offenkundig ist. Transformation bedeutet außerdem, »nach den flüchtigen und instabilen Gegebenheiten und Bedingungen des Augenblicks« zu leben und sich davon beherrschen zu lassen. Unsere derzeitige Umgebung hat eine Form, deren Existenz wir weder leugnen können noch sollten. Überall um uns herum gibt es Ungerechtigkeit, Unsittlichkeit und Ungleichheit. Wir können in sie verwickelt werden, und manchmal stellen wir fest, dass dies auch geschieht; dann sollten wir uns diesen Situationen tapfer und aufrichtig stellen und unser Bestes geben, sie mit dem Anstand und der Intelligenz, die wir inzwischen besitzen, zu lösen.

Wir nehmen gewöhnlich an, dass unsere Umgebung die Ursache unseres augenblicklichen Zustands und der Umstände ist, in denen wir uns befinden – die Tendenz geht dahin, in einen Zustand der Nachgiebigkeit und stillen Akzeptanz der Gegenwart abzudriften. Das ist Anpassung von der schlimmsten Sorte: das selbst herbeigeführte defätistische Bewusstsein. Man übergibt alle Macht und Aufmerksamkeit an den äußeren, manifestierten Zustand. An die Außenwelt, das Umfeld und – durch bewusste Wahl und Entscheidung – auch an die Vergangenheit, und zwar auf Grund des fehlenden Wissens um die Funktionsweise unserer wundervollen und grundlegenden Fähigkeiten: dass die schöpferische Macht des Geistes und die Vorstellungskraft unmittelbar im Dienst unserer Ziele und Bestrebungen stehen. New Thought beharrt auf der Erneuerung des Geistes und der Anerkennung und Würdigung unserer Verantwortung im Leben – unserer Fähigkeit, auf die einmal erkannten Wahrheiten zu reagieren.

Einer der aktivsten und effektivsten Lehrer des New Thought, Charles Fill, Mitbegründer der Unity School oder Christianity (Schule der Einheit oder des Christentums), glaubte fest an die persönliche Verantwortung. In seinem Buch *The Revealing Word* (Das offenbarende Wort) schrieb er: »Unser Bewusstsein ist unsere wahre Umgebung. Die äußere Umgebung entspricht stets unserem Bewusstsein.«

Jeder, der offen und bereit ist, die Verantwortung zu übernehmen, hat mit der Transformation schon begonnen – der Erneuerung des Geistes, die es uns ermöglicht, an unserem transformierten Leben teilzunehmen. »Transformieren« heißt: »Von einem Zustand in einen anderen übergehen«, der qualitativ besser und erfüllender ist, »vom Mangel zum Überfluss, vom Alleinsein zur Gesellschaft, von der Begrenzung zur Fülle, von der Krankheit zu strahlender Gesundheit« – durch diese innewohnende Weisheit und Macht wird die heilende Gegenwart in dir Bestand haben.

»Zugegeben, es gibt Dinge, die kann man nicht verändern: die Bewegung der Planeten, den Wechsel der Jahreszeiten, die Gezeiten der Ozeane und das vermeintliche Auf- und Untergehen der Sonne. Wir können auch den Verstand und die Gedanken einer anderen Person nicht verändern – aber wir können uns *selbst* ändern. Wer kann die Bewegung deines Geistes, deine Vorstellungskraft und deinen Willen einschränken oder verhindern? Einzig du kannst einem anderen diese Macht verleihen. Die Erneuerung deines Verstandes kann dich transformieren.«

Das ist der Schlüssel zu einem neuen Leben. Dein Verstand ist ein Aufzeichnungsgerät, und alle Überzeugungen, Eindrücke, Meinungen und Ideen, die du akzeptierst, werden deinem tieferen, unbewussten Verstand eingeprägt. Und du kannst an deinem Verstand arbeiten. Du kannst beginnen, ihn mit edlen und gottgleichen Gedankenmustern zu füllen und dich auf den Unendlichen Himmlischen Geist in dir einzustimmen. Nimm für dich Schönheit, Liebe, Frieden, Weisheit und schöpferische Ideen in Anspruch, dann wird das Unendliche entsprechend reagieren und deinen Verstand, Körper und die Umstände transformieren. Dein Denken ist der Mittler zwischen deinem Geist und deinem Körper und dem atomaren Geist der universellen Substanz.

Die Transformation nimmt ihren Anfang, wenn wir

Qualitäten in unsere Denkungsart aufnehmen, über sie meditieren und nachdenken, die wir sehnlichst erfahren und zum Ausdruck bringen möchten. Theoretisches Wissen ist gut und notwendig. Wir sollten wissen, was wir tun und aus welchem Grund. Aber wahre Transformation hängt vollkommen davon ab, dass die Begabungen in uns geweckt werden – die unsichtbare und ungreifbare spirituelle Macht, die jedem von uns voll und ganz zur Verfügung steht.

Dies und nur dies allein zertrennt letzten Endes die sehr realen Ansprüche und Fesseln vergangenen Unglücks und vergangener Not und löst sie auf. Zusätzlich heilt es die Wunden derer, die an gebrochenem Herzen und emotionalem Schmerz leiden. Wir alle sehnen uns nach Seelenruhe – der größten Begabung – und benötigen sie auch, um sie auf unsere Umgebung zu übertragen. Versenke dich geistig und gefühlsmäßig in göttlichen Frieden, der unseren Geist und unser Herz erfüllt und unser ganzes Wesen. »Sagt zuerst: ›Frieden sei mit diesem Haus!‹ (Lukas 10, 5)«

Versenkst du dich in fehlenden Frieden, Disharmonie, Unglück und Zwietracht und erwartest, dass sich nun Frieden einstellt, ist das genauso, als würdest du erwarten, dass aus einem Apfelgehäuse eine Birne heranwächst. Es ergibt wenig oder gar keinen Sinn; es widerspricht jeglicher Vernunft. Aber so ist der Lauf der Welt.

Um zum Ziel zu gelangen, müssen wir nach Möglichkeiten suchen, in den Bereichen, in denen es nötig ist, eine Bewusstseinsveränderung herbeizuführen – Buße zu tun. Dadurch werden sich Erneuerung und Transformtion einstellen, als natürliches Resultat. Es ist erstrebenswert und unabdingbar, unser Leben zu transformieren, indem wir aufhören, uns der Art und Weise anzupassen, wie die Welt Entscheidungen fällt und ihre Wahl trifft. Wir müssen anfangen, die Ursache hinter dem physischen Ereignis zu bestimmen – die von Menschenhand geschaffenen Doktrinen, Dogmen und Rituale –, um in das innere Reich des metaphysischen, wahren New Thought einzutreten.

Das Wort *metaphysisch* ist zu einem Synonym für die moderne, organisierte Bewegung geworden. Es wurde als Erstes von Aristoteles benutzt. Von vielen als seine größte Schrift betrachtet, gab er dem dreizehnten Band seiner Werke den schlichten Titel *Metaphysik.* Das Lexikon definiert dieses Wort so: »über die Natur hinausgehend; die Lehre vom reinen Sein«. *Meta* heißt »hinter«. Metaphysik bedeutet deshalb »hinter der Physik«, »hinter der Materie« – der Welt der Form. *Meta* geht darüber hinaus, *meta* ist die Vorstellung. Hinter allem ist *meta* – der Geist.

Biblisch gesprochen ist der Geist Gottes das Gute. »Gott ist machtvoller Geist, und alle, die ihn anbeten wollen, müssen vom Geist der Wahrheit erfüllt sein«

(Johannes 4, 23–24). Sind wir vom Geist der Güte, von Wahrheit, Schönheit, Liebe und Wohlwollen erfüllt, wohnt Gott in uns und handelt durch uns. Gott, Wahrheit, Leben, Energie, Geist – lässt sich das nicht definieren? Wie kann man es definieren? »Definieren heißt begrenzen.«

Das drückt sich auch in einer wunderschönen alten Meditation aus: »Stets dasselbe in meinem innersten Sein: ewig, absolut eins, ganz, heil, vollkommen; ICH BIN unteilbar, zeitlos, ungeformt, alterslos – ohne Gesicht, Äußeres oder Gestalt. ICH BIN die still wartende Gegenwart, verankert in den Herzen aller Menschen.«

Wir müssen glauben und akzeptieren, dass alles, was wir uns vorstellen und als wahrhaftig empfinden, ins Sein treten wird; und dass wir alles, was wir einem anderen wünschen, auch uns wünschen.

Ralph Waldo Emerson, einer der Begründer der klassischen amerikanischen Literatur und Führer der amerikanischen Transzendentalphilosophen, schrieb: »Wir sind das, was wir den ganzen Tag lang denken.« Mit anderen Worten und einfach ausgedrückt: Geist, Denken, Verstand und *meta* sind der Ausdruck schöpferischer Gegenwart und Macht – und wie in der Natur (bei den physikalischen Gesetzen) kann jede Macht auf zweierlei Weise angewandt werden. Wasser beispielsweise kann uns säubern oder ertränken; Elektrizität kann Energie liefern, die das Leben leichter macht oder tötet. In der Bibel heißt es: »Ich mache das Licht und ich mache die Dunkelheit; Glück wie Unglück kommen von mir. Ich, der Herr, bin es, der dies alles vollbringt – ich verletze, ich heile; ich segne, ich verfluche« (Jesaja 45, 7).

Kein zorniger Gott straft uns, wir strafen uns selbst durch den Missbrauch des Geistes. Wir sind auch gesegnet (gebenedeit), wenn wir dieses grundlegende Prinzip und diese Gegenwart verstehen und einen neuen Gedanken oder gleich ein ganzes Gedankengebäude akzeptieren.

Metaphysik ist also das Studium der Ursächlichkeit – und befasst sich nicht etwa mit der Wirkung oder dem Resultat, sondern vielmehr damit, was die Wirkung oder das Resultat *hervorbringt.* Metaphysik geht mit spirituellen Vorstellungen so um, wie Wissenschaftler mit der Welt der Formen umgehen, wie sie den Geist oder das Ursächliche erforschen, der das Sichtbare formt oder aus dem es entsteht. Verändert sich eine Geisteshaltung oder eine Ursache, ist auch die Wirkung eine andere.

Die Stärke und Schönheit der Metaphysik liegt meiner Auffassung nach darin, dass sie nicht auf einen bestimmten Glauben begrenzt ist, sondern universelle Gültigkeit besitzt. Man kann Jude, Christ, Muslim oder Buddhist und dennoch Metaphysiker sein.

Es gibt Schriftsteller, Wissenschaftler und Philosophen, die angeblich keinem Glauben anhängen; ihr Glaube ist die Metaphysik.

Jesus war ein Meister-Metaphysiker – er verstand den Geist und setzte ihn ein, um andere innerlich zu erheben, zu inspirieren und zu heilen.

Als Mahatma Gandhi (die »große Seele«) gefragt wurde, welcher Religion er angehöre, antwortete er: »Ich bin Christ, Jude, Buddhist, Hindu … ICH BIN *all* das.«

Die Formulierung »New Thought« ist eine beliebte Verallgemeinerung geworden. Bestehend aus einer sehr großen Anzahl Kirchen, Zentren, Gebetsgruppen und Institutionen, hat sich dieses neue Denken zu einer metaphysischen Bewegung entwickelt, die das Einssein oder die Einheit der Menschen mit dem unendlichen Leben feiert, der inneren Würde und dem Wert und Stellenwert jedes Einzelnen. In Wahrheit liegt die Betonung sogar eher auf dem Einzelnen als auf einer organisierten Einrichtung oder Funktion. Dabei ist am New Thought nichts neu. Metaphysik ist vielmehr die älteste aller religiösen Annäherungen. Sie zeigt unsere Absicht, Gott zum Ausdruck zu bringen, und die große Vielfalt Gottes. »ICH BIN gekommen, um das Leben zu geben, im Überfluss« (Johannes 10, 10). Sie offenbart unsere Identität: »Kinder des Unendlichen« – und dass wir geliebt werden und einen spirituellen Wert als notwendige Teile des Schöpferischen Heiligen Ganzen haben.

Metaphysik befähigt uns und hilft uns dabei, zu unserem Göttlichen Ursprung zurückzukehren, und beendet das Gefühl der Getrenntheit und den Eindruck von Entfremdung, des Wanderns durch eine öde, ungastliche Wüstenei.

Metaphysik war schon immer allen verfügbar, ist es noch und wird es auch stets bleiben – sie wartet geduldig auf unsere Entdeckung und Offenbarung.

Viele Tausende wurden durch den einen oder anderen ihrer Anwälte mit der Metaphysik vertraut. So bildete sich etwas heraus, von dem es gewöhnlich heißt, dass es mit Phineas P. Quimby seinen Anfang genommen habe. In einem faszinierenden Artikel im *New Thought Magazine* schrieb Quimby 1837 über seine Arbeit. Nachdem er für die Dauer von mehreren Jahren mit dem Mesmerismus experimentiert hatte, kam er zu dem Schluss, dass es nicht die Hypnose selbst, sondern die Konditionierung des Unterbewusstseins war, die zu den sich ergebenden Veränderungen führte. Quimbys offizielle Ausbildung war recht spärlich, aber er hatte einen brillanten, investigativen Verstand und war ein äußerst originärer Denker. Darüber hinaus war er ein ungemein produktiver Schriftsteller und Tagebuchschreiber. Aufzeichnungen wurden veröffentlicht, die über Details seiner Entdeckungen Auskunft geben. Er wurde schließlich zu einem wundervollen Bibelgelehrten. Er wiederholte zwei Drittel der Heilungen im Alten und Neuen Testament. Er fand heraus, dass große Verwirrung über die wahre Bedeutung zahlreicher Bibelstellen herrschte, die zu Missverständnissen und Fehlinterpretationen über die Person Jesu Christi in der Bibel geführt hatte.

Das ganze zwanzigste Jahrhundert hindurch trugen auf diese Weise viele inspirierte Lehrer, Autoren, Geistliche und Vortragsreisende zur New Thought-Bewegung bei. Dr. Chas E. Braden von der University of Chicago nannte diese Männer und Frauen »Rebellische Geister«, weil sie wahrhaftig den existierenden Dogmen, Ritualen und Überzeugungen eine rebellische Haltung entgegenbrachten. Die Rebellion gegen Inkonsequenz führte zur Furcht vor der Religion. Dr. Braden war nicht mehr mit dem Status quo zufrieden und weigerte sich, noch länger damit konform zu gehen.

New Thought ist eine individuelle Übung in den Wahrheiten des Lebens – ein allmählicher Prozess des Verstehens. Wir können heute ein bisschen lernen und morgen noch mehr. Nie werden wir an einen Punkt gelangen, an dem es nichts mehr zu entdecken gibt. New Thought ist unendlich, grenzenlos und ewig. Wir haben alle Zeit, die wir brauchen – die Ewigkeit. Viele sind ungeduldig mit sich und mit dem, was sie für ihr Versagen halten. Werfen wir einen Blick zurück, stellen wir jedoch fest, dass es Phasen des Lernens gegeben hat und wir diese Fehler nicht noch einmal zu machen brauchen. Der Fortschritt erscheint einem manchmal so langsam – »Haltet durch, dann werdet ihr das wahre Leben gewinnen!« (Lukas 21, 19).

In seinem Buch *Denken Sie sich reich!* bemerkte Dr. Murphy, dass der Himmel »Gewahrsein« sei und die Erde »Manifestation«. Dein neuer Himmel ist deine neue Sichtweise – deine neue Dimension des Bewusstseins. Sehen wir genau hin, also spirituell, erkennen wir, dass im Absoluten alles gesegnet, Harmonie, unendliche Liebe, Weisheit, absoluter Friede und Vollkommenheit ist. Identifiziere dich mit diesen Wahrheiten, beschwichtige das Meer von Furcht, Zuversicht und Glauben und werde stärker und selbstbewusster.

In der vorliegenden Buchreihe hat Dr. Murphy die Grundlagen dieser Macht zusammengestellt und sie in eine leicht verständliche Form gebracht, sodass du sie sofort auf dein Leben übertragen kannst.

Dieses Buch und die anderen in der Reihe bestehen aus einer Zusammenstellung von Vorträgen, Predigten und Radiosendungen, in denen Dr. Murphy über Methoden sprach, wie du dein Potenzial durch die Macht des Unterbewusstseins maximieren kannst.

Da Mr. Murphy protestantischer Pfarrer war, stammen viele seiner Beispiele und Zitate aus der Bibel. Die Vorstellungen, die diese Zitate illustrieren, sollten nicht als sektiererisch betrachtet werden. Vielmehr sind die so vermittelten Botschaften universell und werden in den meisten Religionen und Philosophien gepredigt. Ständig wiederholte er, dass das Wesen des Wissens im Gesetz des Lebens, im Gesetz des Glaubens liege. Es ist kein katholischer, protestantischer, muslimischer oder hinduistischer Glaube. Es ist schlicht und einfach Glaube. »Behandelt die Menschen so, wie ihr selbst von ihnen behandelt werden wollt« (Matthäus 7, 12).

Seine Frau, Dr. Jean Murphy, setzte sein geistliches Amt nach seinem Tod 1981 fort. In einer 1986 gehaltenen Rede zitierte sie ihren verstorbenen Mann und wiederholte seine Philosophie: »Ich will die Männer und Frauen ihren Göttlichen Ursprung lehren und die Mächte, die in ihnen regieren. Ich will mitteilen, dass diese Macht in ihnen ist und sie ihre eigenen Erlöser sind und in der Lage, ihre Erlösung selbst herbeizuführen. Das ist die Botschaft der Bibel, und neun Zehntel unserer heutigen Verwirrung verdankt sich der falschen, wörtlichen Interpretation der lebensverändernden Wahrheiten, die sie enthält.

Ich will die Mehrheit erreichen, den Mann auf der Straße, die mit Pflichten überlastete Frau, deren Talente und Fähigkeiten unterdrückt werden. Ich will auf jeder Ebene des Bewusstseins anderen helfen, die Wunder in ihnen zu erfahren.«

Sie sagte von ihrem Mann: »Er war ein praktisch denkender Mystiker, erfüllt von dem Intellekt eines Gelehrten, dem Verstand eines erfolgreichen Angestellten und dem Herz eines Dichters. Seine Botschaft lautete auf einen Nenner gebracht: ›Du bist der König, der Herrscher deiner Welt, denn du bist eins mit Gott.‹«

Dr. Murphy war fest davon überzeugt, dass Gott nie etwas anderes will, als die Menschen gesund, wohlhabend und glücklich zu sehen. Er widersetzte sich den Theologen und allen, die behaupteten, Verlangen sei etwas Böses, und die die Menschen dazu drängten, jegliches Verlangen in sich abzutöten. Er sagte, die Auslöschung des Verlangens führe nur zur Apathie – kein Fühlen, kein Handeln. Er predigte, dass das Verlangen ein Geschenk Gottes sei. Es ist schon in Ordnung, zu verlangen. Es ist gesund und gut, danach zu verlangen, mehr und besser zu werden, als wir es gestern waren. Das Verlangen nach Gesundheit, Überfluss, Gesellschaft und Sicherheit. Was sollte daran falsch sein?

Verlangen steht hinter jedem Fortschritt. Ohne Verlangen ließe sich gar nichts erreichen. Es ist die schöpferische Macht und muss in konstruktive Bahnen gelenkt werden. Bist du beispielsweise arm, steigt in dir das Verlangen nach Wohlstand auf, bist du krank, das Verlangen nach Gesundheit, bei Einsamkeit das Verlangen nach Gesellschaft, nach Liebe.

Wir müssen daran glauben, dass wir unser Leben

verbessern können. Ein Glaube – ob wahr, falsch oder auch diffus –, der über eine bestimmte Zeitspanne hinweg Bestand hat, wird von unserer Denkungsart aufgenommen und integriert. Wird er nicht von einem Glauben entgegengesetzter Art aufgehoben, nimmt er früher oder später Gestalt an und drückt sich als Tatsache, Form, Zustand, Sachverhalt oder Begebenheit im Leben aus oder wird auf diese Weise erfahren. Wir haben in uns die Macht, negative Überzeugungen in positive zu verwandeln und unser Leben zum Besseren zu ändern.

Du erteilst die Anweisung, und dein Unterbewusstsein wird geflissentlich gehorchen. Dein Unterbewusstsein wird nach der Natur des Gedankens, der in deinem Bewusstsein vorherrscht, reagieren oder antworten.

Psychologen und Psychiater weisen darauf hin, dass, wenn man seinem Unterbewusstsein Gedanken übermittelt, in den Gehirnzellen Eindrücke erfolgen. Sobald dein Unterbewusstsein eine Idee akzeptiert, macht es sich daran, sofort eine Wirkung herbeizuführen. Es wirkt durch die Assoziation von Ideen und benutzt jedes Quäntchen Wissen, das du in deinem Leben gesammelt hast, um sein Ziel zu erreichen. Es zapft die unendliche Macht, Energie und Weisheit in dir an. Es führt alle Naturgesetze auf, um damit durchzukommen. Manchmal scheint es mit einer sofortigen Lösung für deine Probleme aufzuwarten, zu anderen

Zeiten dauert es vielleicht Tage, Wochen oder noch länger.

Deine bewusste Denkgewohnheit gräbt tiefe Rinnen in dein Unterbewusstsein. Das ist sehr vorteilhaft für dich, wenn du normalerweise harmonisch, friedlich und konstruktiv denkst.

Hast du dich hingegen Angst, Sorgen und anderen zerstörerischen Denkgewohnheiten überlassen, besteht das Heilmittel darin, die Allmacht deines Unterbewusstseins zu begreifen und Freiheit, Glück, vollkommene Gesundheit und Wohlstand zum Ausdruck zu bringen. Dann wird dein Unterbewusstsein, das schöpferisch ist und eins mit deinem Göttlichen Ursprung, die Freiheit und das Glück erschaffen, die du feierlich auf den Weg gebracht hast.

Nun liegen Dr. Murphys Vorträge zum ersten Mal gesammelt vor, bearbeitet und aktualisiert in sechs neuen Büchern, die seine Lehren in das einundzwanzigste Jahrhundert tragen. Um Dr. Murphys ursprüngliche Vorträge noch stärker zur Geltung zu bringen und zu verdeutlichen, haben wir Material aus einigen Vorträgen von Dr. Jean Murphy sowie Beispiele von Menschen hinzugenommen, deren Erfolge Dr. Murphys Philosophie widerspiegeln.

Arthur R. Pell, Ph.D.
Herausgeber, April 2005

Vorwort

Selbstvertrauen, dieses Gefühl sich selbst gegenüber, alles erreichen zu können, was man sich vornimmt, ist das wesentliche Element, um ein erfülltes und bedeutungsvolles Leben zu führen. Der Hauptgrund dafür, dass die meisten Menschen in ihren Jobs, ihren geschäftlichen Unternehmungen und sogar in ihrem persönlichen Leben erfolglos bleiben, ist das Fehlen dieses wichtigsten Bestandteils. Weshalb fehlt es den Menschen an Selbstbewusstsein? Ein weit verbreiteter Grund ist, dass sie schon früh im Leben an etwas gescheitert sind und fürchten, dass es wieder geschehen wird. Ein weiterer ist der, dass andere Menschen – oft die eigenen Eltern – mit ihren Leistungen in der Schule oder sonstigen Dingen nie zufrieden waren und so ein Minderwertigkeitsgefühl in ihnen erzeugt haben.

Wieder andere haben den Erfolg gekostet, sind jedoch im weiteren Verlauf gescheitert und haben sich das so sehr zu Herzen genommen, dass es ihnen nun bei allem, was sie tun, am rechten Selbstvertrauen fehlt.

Kann man das ändern? Selbstverständlich kann man das. Dr. Joseph Murphy gibt Ihnen in diesem Buch ein zuverlässiges Heilmittel für fehlendes Selbstvertrauen an die Hand. Es hat schon bei vielen Lesern und Zuhörern funktioniert. Es wird auch bei Ihnen funktionieren.

Selbstbewusstsein ist ein integraler Bestandteil von Selbstachtung. Bevor man den Entscheidungen, die man trifft, vertraut, muss man an sich selbst glauben. Man muss wahrhaft spüren, dass man eine wertvolle Person ist. Besitzt man keine Selbstachtung, wie soll man dann glauben, dass die eigenen Entscheidungen einen Wert haben?

Wie oft geben wir mehr darauf, was andere von uns halten, als was wir von uns halten. William Boetcker, ein Geistlicher und Schriftsteller, gab seinen Lesern in der Mitte des zwanzigsten Jahrhunderts den dringenden Rat: »Kümmern Sie sich nicht darum, was die Leute von Ihnen denken. Sie könnten Sie überschätzen oder unterschätzen! Bis sie Ihren wahren Wert erkennen, hängt Ihr Erfolg vorwiegend davon ab, was Sie über sich selbst denken und ob Sie an sich glauben. Sie können Erfolg haben, auch wenn sonst niemand an Sie glaubt, aber wenn Sie nicht selbst an sich glauben, werden Sie nie Erfolg haben.«

In diesem Buch wird Dr. Murphy Ihnen zeigen, wie das Beten Ihnen helfen kann, Ihr Unterbewusstsein so zu programmieren, dass Sie negative Gefühle in Bezug auf sich selbst überwinden und Selbstachtung und damit auch Selbstvertrauen aufbauen oder zurückgewinnen.

Vielleicht sagen Sie jetzt, Sie haben das mit dem Beten schon versucht, und es hat für Sie nicht funktioniert. Fehlendes Vertrauen und zu großes Bemühen sind der Grund, weshalb Ihr Gebet bisher nicht erhört wurde. Viele Menschen blockieren die Antworten auf ihre Gebete, weil sie nicht genau verstehen, wie das Unterbewusstsein funktioniert. Wenn Sie das wissen, wächst Ihr Vertrauen. Vergessen Sie nicht, dass Ihr Unterbewusstsein, wann immer es eine Vorstellung akzeptiert, sofort damit beginnt, sie umzusetzen. Es bedient sich dazu all seiner mächtigen Ressourcen und mobilisiert alle spirituellen Gesetze. Das gilt für gute wie für schlechte Vorstellungen; setzen Sie es also negativ ein, bringt es Ärger, Fehlschläge und Verwirrung. Setzen Sie es hingegen konstruktiv ein, bringt es Führung, Freiheit und Frieden des Geistes.

Sie werden zweifellos eine Antwort erhalten, wenn Sie konstruktiv denken, auf den Unendlichen eingestimmt sind und Liebe und Wohlwollen für alle empfinden. Es liegt somit auf der Hand, dass Sie, um Fehlschläge zu überwinden, nur Ihr Unterbewusstsein dazu bringen müssen, Ihre Vorstellung oder Ihren Wunsch zu akzeptieren, indem Sie im Hier und Jetzt deren uneingeschränkte Wirklichkeit empfinden; alles andere erledigt das Gesetz des Geistes. Übergeben Sie Ihren Wunsch nur vertrauensvoll Ihrem Unterbewusstsein, dann wird es übernehmen und Ihnen die Antwort bringen.

Sie werden niemals Ergebnisse erzielen, wenn Sie versuchen, geistigen Zwang auszuüben, nach dem Motto »Ich habe mich doch so sehr angestrengt«. Ihr Unterbewusstsein reagiert nicht auf Zwang. Es reagiert auf Ihre Überzeugtheit oder die Akzeptanz durch Ihr Bewusstsein. Dass Sie bisher keine Ergebnisse erzielten, kann auch an Aussagen liegen wie: »Es wird immer schlimmer; ich werde nie eine Antwort bekommen. Ich sehe keinen Ausweg mehr; es ist hoffnungslos. Ich weiß nicht, was ich noch machen soll; ich bin ganz durcheinander.« Haben Sie solche Gedanken, bleibt die Antwort aus und Ihr Unterbewusstsein arbeitet nicht mit Ihnen zusammen. Sie sind dann wie ein Soldat, der Zeit schindet. Sie bewegen sich weder vor noch zurück. Mit anderen Worten: Sie kommen nicht vom Fleck.

Ihr Unterbewusstsein wird stets von der dominierenden Vorstellung beherrscht. Bei zwei gegensätzlichen Behauptungen wird es stets die stärkere akzeptieren. Der müheloseste Weg funktioniert am besten. Wenn Sie sagen: »Ich will Selbstbewusstsein entwickeln, aber es klappt nicht. Ich bemühe mich so sehr;

ich zwinge mich zum Beten. Ich setze meine ganze Willenskraft ein«, dann muss Ihnen klar sein, dass Ihr Fehler in der Anstrengung liegt. Versuchen Sie nie, das Unterbewusstsein zu zwingen, Ihre Vorstellung anzunehmen, indem Sie Kraft aufwenden. Solche Versuche sind zum Scheitern verurteilt und führen zum Gegenteil dessen, worum Sie gebetet haben.

Der stille Geist feiert Erfolge. In der Stille und in der Zuversicht liegt Ihre Kraft, nicht darin, hektisch und ängstlich zu werden oder vor Wut über den Zustand der Welt zu kochen. *Sie können die Welt nicht verändern, aber Sie können sich ändern.* Vielleicht missbilligen Sie, was die Menschen tun. Gewiss missbilligen Sie Überfälle, Vergewaltigungen, Morde und all diese Dinge. Sie bemühen sich nach Kräften. Sie schreiben Ihren politischen Führern, nehmen an Wahlen teil, arbeiten mit der Polizei zusammen und all das. Aber am wichtigsten ist, in der Stille zu bleiben. Stimmen Sie sich auf den Unendlichen ein, denn Hektik, Aufruhr, Groll, Hass und Zorn lösen keine Probleme. Sie machen alles nur schlimmer. Sie gießen noch mehr Gifte, noch mehr Ausdünstungen über das Massenbewusstsein aus. Sie richten mehr Schaden an, als dass Sie Gutes tun.

Rumort es in Ihnen, sind Sie niemandem eine Hilfe. Dann haben Sie nicht nur geringe Selbstachtung und es fehlt Ihnen an Selbstvertrauen, Sie sind dann auch ein schlechter Partner, ein schlechter Vater und ein schlechter Mitarbeiter. Der Grad Ihres Erfolgs im Umgang mit Ihren Problemen steht im direkten Verhältnis zu Ihrer Gelassenheit, Ihrer Gemütsruhe, Ihrem Seelenfrieden, Ihrem Gefühl für Ausgeglichenheit, Ihrer Fähigkeit zur inneren Einkehr und auch Ihrer Einsicht, dass es eine Unendliche Intelligenz in Ihnen gibt, die Sie führt und lenkt, die Ihnen den vollkommenen Plan offenbart und Ihnen zeigt, welchen Weg Sie einschlagen sollten.

Gott ist der lebendige, allmächtige, himmlische Geist in Ihnen. Er ist die einzige schöpferische Macht, die es gibt. Er ist die einzige Macht. Es gibt keine zwei Mächte oder drei oder tausend, nur eine – und Sie können sie Gott, Allah oder Brahma nennen. Es gibt nur eine Macht, eine schöpferische Macht. Ihre Gedanken sind schöpferisch; deshalb wird Gutes geschehen, wenn Sie Gutes denken, und es wird Böses geschehen, wenn Sie Böses denken, und es wird Mangel herrschen, wenn Sie an Mangel denken. Denken Sie an Gottes Reichtum, und Reichtum wird die Folge sein. Ihre Gedanken sind schöpferisch. Es gibt nur eine unkörperliche Macht, die Sie kennen, und sie ist Gott.

Was beherrscht Sie? Ihre Einschätzungen, Ihre Vorstellungen und Überzeugungen von sich selbst. Oder sind es die Vorstellungen einer anderen Person über Sie? Was sollen Sie tun, wenn jemand zu Ihnen sagt:

»Sie sind ein Versager; Sie werden es nie zu etwas bringen«? Sagen Sie sich: »Ich bin der geborene Sieger, der immer Erfolg hat. Ich muss Erfolg haben. Ich werde auf erstaunliche und einzigartige Weise Erfolg haben. Die Kraft des Allmächtigen durchströmt mich.« Immer wenn jemand behauptet, Sie werden scheitern, ist das ein Ansporn für Sie, Ihren Glauben an die allmächtige Kraft, die niemals versagt, zu stärken. Mit anderen Worten, Sie müssen aufwachen und aufhören, anderen die Schuld zu geben. Geben Sie nicht länger den Umständen die Schuld. Sie allein tragen die Schuld. Natürlich wird es Fehlschläge geben, aber das heißt nicht, dass *Sie* ein Versager sind. In Ihnen liegt die schöpferische Kraft, das Blatt zu wenden und das Scheitern in einen Erfolg zu verwandeln. Sie werden nicht von einer anderen Person beherrscht. Keine andere Person besitzt die Macht, Sie zu manipulieren, solange Sie es nicht zulassen.

Mit jedem Erfolg, den Sie feiern, steigt Ihr Selbstbewusstsein. Ihr Selbstbewusstsein steigt sogar angesichts gelegentlichen Scheiterns, weil Sie wissen, dass die schöpferische Kraft Gottes nach wie vor in Ihnen ist und Sie daran glauben – und somit auch an sich.

Sie sind das, wofür Sie sich halten. Sie erschaffen sich nach dem Bild, das Ihr Verstand sich von Ihnen gemacht hat. Selbstachtung und Selbstbewusstsein sind nichts weiter als die Projektion Ihres Selbstbildes, und wenn Sie ein starkes, positives Bild von sich aufrechterhalten, werden Sie eine glücklichere und erfolgreichere Person, eine Person, die im Stande ist, Hindernisse aus dem Weg zu räumen – egal, wie groß sie sind – und die Ziele zu erreichen, die sie sich gesetzt hat.

Dr. Jean Murphy

1. Kapitel

Entwickle dein Selbstbewusstsein

Hältst du dich für einen Versager und malst dir aus, ein Versager zu sein, wirst du versagen. Denke an Erfolg. Begreife, dass du für den Erfolg und den Sieg geboren bist, denn das Unendliche kann nicht versagen. Stell dir vor, erfolgreich, glücklich und frei zu sein; dann wirst du es auch sein. Was immer du in deinem Bewusstsein für wahr hältst und als wahr empfindest, nimmt in deinem Unterbewusstsein Gestalt an und tritt als Erfahrung ins Sein. Das ist das Gesetz des Geistes, unbeirrbar, zeitlos und unveränderlich.

Wir sprechen hier nicht vom Glauben an Habgier, Dogmen, Traditionen oder von einer religiösen Überzeugung. Wir sprechen vom Glauben an dein Denken, an dein Fühlen, an die Gesetze deines Verstandes und die Güte Gottes im Land der Lebenden, vom Glauben an die schöpferische Intelligenz, die auf dein Denken reagiert. Du kannst der festen Überzeugung sein, krank zu werden, wenn du dich einem Durchzug aussetzt, oder dir einen Schnupfen einzufangen, weil jemand in deiner Nähe geniest hat. Du kannst sogar glauben, dass du scheitern wirst. In diesem Fall glaubst du an das Falsche, und deine Geschäfte werden sich zum Schlechten wenden.

Einmal sagte eine Frau zu mir: »Zehn Jahre lang habe ich fest daran geglaubt, dass ich allein durchs Leben gehen muss, dass mich niemand heiraten würde und es meine Bestimmung sei, erbärmlich und elend zu leben.« Sie fuhr fort: »Ich habe Ihr Buch *Die Macht Ihres Unterbewusstseins* gelesen und die Gebete darin angewandt. Nun bin ich glücklich verheiratet, habe einen wundervollen Ehemann und bin mit drei hinreißenden Kindern gesegnet.«

Diese Frau wandelte ihren Glauben an das Negative in die freudige Erwartung des Besten in allen Bereichen ihres Lebens um. Angst ist der Glaube an das Falsche. Angst ist der auf den Kopf gestellte Glaube. Du musst an die Güte Gottes im Land der Lebenden glauben. Du musst an die göttliche Liebe glauben. Du musst an die heilende Gegenwart glauben, die dich erschuf, damit sie dich heilt. Der Geist dieser Frau reagierte auf ihren Glauben, denn das Gesetz des Lebens ist das Gesetz des Glaubens.

Woran glaubst du? Glauben heißt, etwas für wahr zu halten. Glaube an alles, was wahr ist, an alles, was schön ist, an alles, was gerecht ist, an alles, was rein ist, an alles, was deinen Ruf stärkt. Gibt es eine Tugend, verdient etwas Lob, so glaube an diese Dinge.

Aber am wichtigsten ist, dass du an dich glaubst, an das, was du tust, an deine ultimative Bestimmung. Selbstvertrauen oder Selbstbewusstsein finden ihren größten Ausdruck, wenn der Glaube sie begleitet, dass dein wahres Selbst Gott ist und dass mit Gott alles möglich ist.

Die Bibel enthält den Schlüssel für die Entwicklung von Selbstbewusstsein. Aber ohne Glauben ist es unmöglich, nach Gottes Willen zu leben. Du musst erst glauben, dass Gott *ist* und dass er die belohnt, die emsig nach ihm suchen. Zu allen Zeiten hatten Männer und Frauen, die spirituelles Selbstvertrauen besaßen, die tiefe, dauerhafte Überzeugung, dass sie mit der Gegenwart Gottes in sich eins waren.

Gott ist der lebendige himmlische Geist in dir, und jene, die Ihn verehren, verehren Ihn als himmlischen Geist und in der Wahrheit. Der himmlische Geist hat weder ein Gesicht noch ein Äußeres oder eine Gestalt. Er ist zeitlos, formlos und alterslos. Du schenkst deine Aufmerksamkeit, deine Hingabe und deine Treue dem himmlischen Geist in dir, der das Universum erschuf und dich erschuf. Er ist allmächtig, weiß alles und sieht alles. Bist du im Einklang mit ihm, wird diese unendliche Macht dir antworten und du wirst erstaunliche Dinge vollbringen.

Zu allen Zeiten gab es großartige Menschen, die Selbstbewusstsein besaßen und nicht aggressiv, egoistisch oder intolerant waren. Jesus, Moses, Buddha, Laotse, Konfuzius, Mohammed und viele andere erreichten das so genannte Unmögliche durch die absolute Überzeugung, dass sie durch die göttliche Macht, die sie stärkte und inspirierte, alles vermochten, was sie wollten. Sie waren Menschen, geboren wie du.

Ohne Glauben kann man in dieser Welt wenig erreichen. Bauern glauben an die Landwirtschaft und vertrauen auf ihre Prinzipien, wenn sie die Saat ausbringen. Chemiker glauben an die Gesetze und Prinzipien der Chemie, denen sie blind vertrauen. Scharen von Ärzten vertrauen auf ihr Wissen über Anatomie, Physiologie, Pharmakologie oder Chirurgie, und manche glauben auch an die *Materia Medica,* die Symptomsammlung der klassischen Homöopathen.

Genauso fest kannst du auch an die Gesetze des Geistes glauben, die gestern, heute und für alle Zeit gleich sind. Wer der Meinung ist, dass die Grundlagen der Chemie, Physik und Mathematik sich von den Grundlagen der Gesetze, nach denen sein Geist funktioniert, unterscheiden, lebt im finstersten Mittelalter. Die geistigen und spirituellen Gesetze sind ebenso zuverlässig und unbeirrbar wie die Gesetze der Schwerkraft. Es ist eine Tatsache: Denke Gutes, dann wird daraus Gutes entstehen; denke Böses, dann wird daraus Böses entstehen.

Der erste Schritt beim Aufbau von Selbstvertrauen besteht darin, an diese unendliche Macht in dir zu glauben, die dir im Gesicht Haare sprießen lässt, für deine Verdauung sorgt, dir Haare und Nägel wachsen lässt, während du schläfst. Sie passt auf dich auf, während du tief schläfst. Sie wacht über deinen Herzschlag und alle lebenswichtigen Organe deines Körpers – alle Körperprozesse werden von einer unendlichen Intelligenz kontrolliert. Davon sprechen wir hier.

Schneidest du dich beispielsweise, heilt sie dich. Verbrennst du dich, reduziert sie das Ödem, schenkt dir neues Gewebe und neue Haut. Sie strebt immer danach, dich zu heilen. Das ist das Lebensprinzip in dir. Und du weißt, dass du lebendig bist. Du weißt, dass du einen Geist hast. Und du weißt, dass du diesen Geist hast, weil du Freude, Entzücken, Begeisterung und Liebe empfinden kannst, wenn du in die Augen deines Kindes blickst. All dies ist unsichtbar und dennoch wirklich.

Also glaube an diese unendliche Macht in dir. Akzeptiere und wisse, dass dein Selbst Gott ist. Es ist dein höheres Selbst, der lebendige himmlische Geist in dir, der niemals geboren wurde und niemals sterben wird. Wasser benetzt Ihn nicht, Feuer verbrennt Ihn nicht, Wind weht Ihn nicht davon. Er ist ewig. Er ist das Lebensprinzip in dir, das dich durchdringt und umgibt.

Der zweite Schritt besteht darin, regelmäßig mit dieser unendlichen Gegenwart zu kommunizieren. Habe eine Vision, in der du erkennst, dass du dorthin unterwegs bist, wo deine Vision schon ist. Und dass deine Vision das ist, was du geistig betrachtest, worauf du deine Aufmerksamkeit richtest, was du gerade heimlich denkst. Dorthin bist du unterwegs, und das wirst du werden. Habe die Vision von Fülle, rechtem Handeln, Inspiration und göttlicher Führung, dann wirst du wie der Berg, dessen Kuppe aus ewigem Schnee im Sonnenlicht schmilzt, worauf ein Strom des Lebens abwärts fließt und den Tälern Nahrung und Auskommen bringt.

Was macht es schon aus, dass du oft gestrauchelt und gescheitert bist? Nun, da du weißt, dass die göttliche Gegenwart in dir wohnt und die unendliche Intelligenz, die unendliche Macht und das unendliche Lebensprinzip die Gegenwart Gottes in dir sind. Du weißt, Er antwortet dir, will dich glücklich sehen. Schüre dieses göttliche Geschenk in dir. Wecke den schlafenden Hünen in dir. Vertraue der schöpferischen Intelligenz in dir mehr, als du jemals deinen menschlichen Eltern vertraut hast.

Kommt dir der Gedanke: »Das kann ich nicht«, so sage: »Aber die göttliche Gegenwart kann es. Sie ist die unendliche Gegenwart; Sie ist die unendliche Macht. Nichts kann sich Ihr widersetzen oder mit Ihr messen. Sie ist Allmächtig.« Kommt dir dieser Gedanke, sieh dir all die Schwierigkeiten und Hindernisse an und erkenne, wisse und sage dir unerschrocken: »Die unendliche Intelligenz und unendliche Macht kennt keine Hindernisse, Verzögerungen oder Widerstände.« Finde eine Bejahung, die all deinen Negationen entgegenwirkt, und dein Leben wird im Laufe der Jahre gesegneter und schöner werden. Du wirst feststellen, dass deine Hindernisse und Herausforderungen sich in Gelegenheiten verwandeln. Deine Angst wird zu Vertrauen werden und dein Zweifel zu der Gewissheit, dass die unendliche Gegenwart in dir ist, und Wunder werden geschehen, wenn du dich darauf einstellst.

Ich hatte einmal ein äußerst interessantes Gespräch mit einem Hotelbesitzer in Lissabon, Portugal. Er sagte mir, dass er als Kellner in einem kleinen Restaurant angefangen hatte. Wenn der Chef ihn bat, etwas Besonderes zu tun, antwortete er oft: »Ich werd's versuchen.« Schließlich konnte sein Chef das nicht mehr hören: »Sagen Sie nie mehr: ›Ich werd's versuchen.‹ Sagen Sie: ›Ich tu's‹, und wissen Sie, dass Sie es können. Dann wird die Macht Sie erhören.« Der Hotelbesitzer fuhr fort: »Ich habe mir diesen Rat zu Eigen gemacht und nie mehr gesagt: ›Ich werd's versuchen.‹ Ich begann an mich zu glauben. Jetzt weiß ich, dass die unendliche Macht in mir wohnt.«

Sein Geheimnis war dieses »Ich tu's«. Er hatte diesen Gedanken, vielleicht tausendmal am Tag: »Ich werde ein großes Hotel führen, das mir gehört.« Er glaubte, dass ihm durch die Macht des Unendlichen genau das bestimmt war. Er wurde auf seltsame Weise erhört. »In Monaco habe ich beim Roulett 100.000 amerikanische Dollar gewonnen«, sagte er. »Ich eröffnete dieses Hotel, und inzwischen habe ich die Hypothek abbezahlt. Ich habe über meine kühnsten Träume hinaus Wohlstand erlangt.«

Dieser Mann sagte, er habe das überwältigende Verlangen gespürt, sich in Monaco am Glücksspiel zu versuchen, und einen Freund gebeten, ihn zu begleiten und ihm zu erklären, wie das geht. Er wusste, dass er gewinnen würde. Es war ein stilles inneres Wissen der Seele. Seine Gewinne waren horrend, und als genug Geld für eine Anzahlung auf sein Hotel zusammen war, die besagten 100.000 Dollar, hörte er auf und spielte nie mehr. Auf diese Weise hatte sein Unterbewusstsein sein Gebet um ein eigenes Hotel erhört.

Man kann nicht vorher wissen, welchen Weg das Unterbewusstsein nimmt. Geld ist nur eine Idee, ein Symbol für den Tausch. Es gibt nichts Böses im Universum, nichts Gutes oder Schlechtes, erst das Denken macht es dazu. Gut und Böse sind die Bewegungen unseres Verstandes im Verhältnis zum unendlichen Lebensprinzip in uns, das in sich immer vollkommen, heil und ganz ist.

Beschließe jetzt, in diesem Augenblick, dass du alles kannst, was du willst, und sein kannst, was du dir zu sein wünschst, und haben kannst, was du besitzen willst; dann wird dir nach deinem Glauben geschehen. Folge der uralten Maxime: Vergewissere dich, dass du auf dem richtigen Weg bist, und dann geh deinen Weg. Lass nicht zu, dass dich etwas davon abbringt oder deine Überzeugung erschüttert. Mach es zu einem Teil deines Denkens. Mit dieser Art von Glauben wirst du unweigerlich Erfolg haben und im Leben vorankommen.

Was besitzt der unermesslich Reiche oder der herausragende Geschäftsmann, was dir abgeht? Nur eines: Selbstvertrauen oder Selbstbewusstsein. Er glaubt an sich und die Kräfte in sich, was beides auf das Gleiche hinausläuft. Selbstvertrauen und Selbstbewusstsein sind eins. Vertrauen setzt auf Glauben, den Glauben an ein Prinzip und die Kräfte deines Geistes. So, wie ein Ingenieur den Prinzipien der Vernunft vertraut – und an das Prinzip von Statik und Spannung glaubt. Der erste Schritt beim Aufbau von Selbstvertrauen und Selbstbewusstsein besteht darin, an diese unendliche Macht in dir zu glauben. Er setzt auf allen Wegen sein gesamtes Vertrauen auf dieses unendliche Leitprinzip, auf die göttliche Liebe und den göttlichen Schutz. Seine Worte und Handlungen, seine Haltung und seine allgemeine Einstellung strahlen Macht und Zuversicht aus. Deshalb hast du schon bei der ersten Begegnung vor ihm Respekt.

Im letzten Jahr sprach ich mit jemandem in Hilo auf Hawaii. Er war sehr wohlhabend. Traurig sagte er zu mir: »Ich bin niemand. Ich bin allen egal.« Ehrlich gesagt stimmte das auch, aus dem einfachen Grund, dass er keinen Respekt vor seinem Selbst hatte und sich wirklich ziemlich egal war. Er machte sich selbst nieder. Bist du grausam oder gemein zu dir, werden auch andere grausam und gemein zu dir sein. Dieser Mann machte sich selbst nieder. Obwohl er gewaltige Mengen Grundbesitz und große Bankreserven hatte.

Ich erklärte ihm, dass er sich ständig kritisierte und heruntermachte und andere ihn deshalb genauso behandelten und dass, wenn er von sich selbst nichts hielte, andere genauso wenig von ihm halten würden. Das Innere beherrscht das Äußere.

Ich machte ihn darauf aufmerksam, dass die Reichtümer des Unendlichen in ihm und um ihn herum waren. Der große William Shakespeare schrieb einmal: »Ist unser Mut bereit, so sind auch wir es« (Heinrich der Fünfte, IV/3). Er brauche nur die unendliche Gegenwart anzurufen, dann würde sie seine Gedanken erhören.

Er begann sich einiger großer Wahrheiten der Bibel zu bedienen, die ich ihm kurz folgendermaßen zusammenfasste: »Weißt du nicht, dass du der Tempel des lebendigen Gottes bist und dass der himmlische Geist Gottes in dir wohnt? Die Frucht des himmlischen Geistes ist Liebe, Freude, Frieden, Geduld, Freundlichkeit,

Güte, Vertrauen, Sanftmut und Mäßigkeit. Der, dessen Geist in Dir ruht, weil er Dir vertraut, wird in vollkommenem Frieden leben. Anerkenne Ihn auf all deinen Wegen, und Er wird dir die Wege ebnen. Vertraue Ihm. Glaube an Ihn, und Er wird für dich alles ins Sein treten lassen, was du brauchst.«

So hat der Herr dich erschaffen. Frohlocke und freue dich, dass das unendliche Wesen dich erschaffen hat, und wisse, dass Es stets bei dir ist und im Stande, dich zu heilen, dich wiederherzustellen, zu beleben und zu stärken. Wir wissen, dass sich für jene, die Gott lieben, alles zum Guten wendet, für die, die Seiner Sache dienen. Gott in deiner Mitte heilt dich in diesem Augenblick.

Zusammenfassung

1. Hältst du dich für einen Versager und malst dir aus, ein Versager zu sein, wirst du versagen. Denke an Erfolg. Begreife, dass du für den Erfolg und den Sieg geboren bist, denn das Unendliche kann nicht versagen. Stell dir vor, erfolgreich, glücklich und frei zu sein; dann wirst du es auch sein. Was immer du in deinem Bewusstsein für wahr hältst und als wahr empfindest, nimmt in deinem Unterbewusstsein Gestalt an und tritt als Erfahrung ins Sein. Das

ist das Gesetz des Geistes, unbeirrbar, unwandelbar, zeitlos und unveränderlich.

2. Am wichtigsten ist, dass du an dich glaubst, an das, was du tust, an deine ultimative Bestimmung. Selbstvertrauen oder Selbstbewusstsein finden ihren größten Ausdruck, wenn der Glaube sie begleitet, dass dein wahres Selbst Gott ist und dass mit Gott alles möglich ist.

3. Der erste Schritt beim Aufbau von Selbstvertrauen besteht darin, an diese unendliche Macht in dir zu glauben.

4. Was besitzt der unermesslich Reiche oder der herausragende Geschäftsmann, was dir abgeht? Nur eines: Selbstvertrauen oder Selbstbewusstsein. Er glaubt an sich und die Kräfte in ihm, was beides auf das Gleiche hinausläuft. Selbstvertrauen und Selbstbewusstsein sind eins. Vertrauen setzt auf Glauben, den Glauben an ein Prinzip und die Kräfte deines Geistes. So, wie ein Ingenieur den Prinzipien der Vernunft vertraut – und an das Prinzip von Statik und Spannung glaubt. Der erste Schritt beim Aufbau von Selbstvertrauen und Selbstbewusstsein besteht darin, an diese unendliche Macht in dir zu glauben.

5. Beschließe jetzt, in diesem Augenblick, dass du alles kannst, was du willst, sein kannst, was du dir zu sein wünschst, und haben kannst, was du besitzen willst; dann wird dir nach deinem Glauben geschehen.

2. Kapitel

Lerne, dich selbst zu lieben

Eine der größten und tiefsten Sehnsüchte des Herzens ist die, dass der eigene Wert anerkannt wird; dass man geachtet, geliebt und geschätzt wird.

In der Bibel heißt es: »Liebe deinen Mitmenschen wie dich selbst« (Römer 13, 9). *Aber du kannst deinen Mitmenschen nicht wirklich lieben, wenn du dich selbst nicht liebst.*

Thomas Carlyle, ein schottischer Essayist und Geschichtsschreiber des neunzehnten Jahrhunderts, hat einmal geschrieben: »Eines der gottgleichen Dinge in dieser Welt ist die Ehrfurcht, die das menschliche Herz dem Wert des Menschen entgegenbringt.« Im achten Psalm lesen wir: »Ich bestaune den Himmel, das Werk deiner Hände, den Mond und die Sterne, die du geschaffen hast: Was ist der Mensch, dass Du ihn so sehr achtest? Und der Menschensohn, dass Du ihn besucht hast? Denn Du hast ihn kaum geringer als die Engel gemacht und ihn mit Ruhm und Ehre gekürt. Du hast ihn zum Herrscher gemacht über das Werk deiner Hände; alles hast du ihm unterstellt: die Schafe, Ziegen und

Rinder, die Wildtiere in Feld und Wald, die Vögel in der Luft und die Fische im Wasser, die kleinen und die großen, alles, was die Meere durchzieht.«

In diesem wunderschönen Gedicht spricht David beredt und ergreifend von den gewaltigen Möglichkeiten, die den Menschen innewohnen.

Heute werden wir durch unsere zahllosen neuen Entdeckungen Zeugen des Werks der unendlichen Intelligenz. Die Wissenschaftler erzählen uns, dass wir in einem Zeitalter des Lichts und der Überschallgeschwindigkeit, der Elektronik und atomaren Kraft leben. All diese Wunder der Luft, des Weltraums und des Meeres entspringen dem menschlichen Verstand.

Mathematiker haben behauptet, dass sich die Welt einzig durch Abstraktionen erklären lässt und dass nur Physiker und Menschen ihres Schlags Begebenheiten verstehen können, die sich zu Lande, zu Wasser und in der Luft zutragen. Heute durchdringen und befahren wir die Gewässer der geistigen Tiefen und werden uns allmählich des Königreichs Gottes in uns bewusst. Forschungen an der Duke University und anderen akademischen Einrichtungen haben die Kräfte des Geistes enthüllt und Fähigkeiten wie Telepathie, Hellsichtigkeit, Hellhörigkeit, Telekinese, außersinnliche Reisen, Vorauswissen, Vergangenheitswissen und andere unglaubliche geistige Fähigkeiten belegt.

In meinen Unterlagen befindet sich der Brief einer

Frau aus Arizona, die mir schrieb, dass ihre Schwägerin und ihre Schwiegermutter nichts von ihr hielten und ihr ins Gesicht hinein gesagt hatten, dass die frühere Frau ihres Mannes ihnen lieber gewesen sei. Sie luden sie nie zu sich nach Hause ein, sondern baten ihren Mann immer, allein zu kommen. Außerdem kritisierten sie, obwohl die neue Ehefrau sich nach Kräften bemühte, nett zu ihnen zu sein, ihr Essen, ihre Wohnung, ihre Kleidung und ihre Redeweise. Diese Frau sagte, dass sie sich minderwertig und zurückgewiesen fühle, und sie fragte mich: »Weshalb machen sie das? Was stimmt mit mir nicht?«

In meiner Antwort stellte ich klar, dass sie unnötig und eigentlich ganz ohne Berechtigung gelitten habe; dass sie die Macht besäße, die giftigen Kommentare ihrer angeheirateten Verwandten, ihre Grobheiten und ihre Unhöflichkeit abzulehnen und zurückzuweisen. Ich erklärte ihr, dass sie ihre Schwiegermutter und ihre Schwägerin nicht erschaffen hatte und für deren eifersüchtige, neidische Einstellung und Komplexe nicht verantwortlich war.

Ich riet ihr, damit aufzuhören, sie auf ein Podest zu stellen, und sich von ihnen nicht mehr als Fußabtreter missbrauchen zu lassen. Ein Fußabtreter ist etwas, auf dem herumgetreten wird. Hältst du dich für einen Wurm, wird dich jeder zertreten wollen. Ich fügte hinzu, dass es durchaus möglich sei, dass ihr Charme, ihre Anmut, ihre Freundlichkeit und ihr wundervoller Charakter die Verwandten ihres Mannes ärgerten und sie vielleicht eine sadistische Befriedigung daraus zögen, ihr das Leben schwer zu machen.

Ich schlug vor, alle Beziehungen zu ihnen abzubrechen und damit aufzuhören, sich zu erniedrigen, indem sie vor ihnen kroch. Ich riet ihr, sich eine Haltung der Selbstachtung zuzulegen. Mit anderen Worten, sie sollte sich selbst lieben, denn das wahre Selbst ist Gott.

Darüber hinaus schickte ich ihr folgendes Gebet, an das sie sich halten konnte: »Ich übergebe meine angeheirateten Verwandten uneingeschränkt Gott. Gott hat sie erschaffen, und Er wacht über sie. Ich strahle ihnen gegenüber Liebe, Frieden und Wohlwollen aus, und ich wünsche ihnen alle Segnungen des Himmels. Ich bin ein Kind Gottes. Gott liebt mich und sorgt für mich. Kommt mir ein negativer Gedanke von Zorn, Furcht, Selbstkritik, Selbstverurteilung oder Groll, ersetze ich ihn umgehend durch den Gedanken an Gott in meiner Mitte. Ich weiß, dass ich die vollkommene Herrschaft über meine Gedanken und Gefühle habe. Ich bin ein Kind des Göttlichen. Ich gebe jetzt all meinen Gefühlen und Emotionen eine neue, harmonische und konstruktive Richtung. Einzig Gottes Ideen erfüllen meinen Verstand und bringen mir Harmonie, Gesundheit und Frieden. Wann immer ich die Neigung verspüre, mich zu erniedrigen oder herabzusetzen, werde ich unerschrocken erwidern: ›Ich preise Gott in meiner Mitte. Ich bin eins mit Gott, und durch diese Einheit mit Gott bin ich in der Mehrheit. Wenn Gott für mich ist, wer kann dann gegen mich sein?‹«

Als diese Frau den einfachen Weisungen folgte, die ich ihr gegeben hatte, vollzog sich in ihrem Geist und ihrem Herzen eine vollständige Wandlung. Sie schrieb: »Das Gebet hat auf mich Wunder gewirkt. Mein Mann sagte gestern zu mir: ›Du strahlst ja so. Was ist mit dir geschehen?‹«

Vor einiger Zeit suchte mich ein Handelsvertreter auf, der meinte, er sei furchtsam, schüchtern und reizbar und betrachte die Welt als grob und grausam. Scheinbar wollte er auf keinen Fall seine rechtmäßige Herrschaft über das Leben antreten. Er sagte, seine Frau, sein Chef und seine Mitarbeiter schätzten ihn nicht und selbst seine Kinder blickten auf ihn herab. All das hatte nur einen Grund: ein inneres Gefühl von Unsicherheit und Unzulänglichkeit. Er erniedrigte sich selbst. Und bist du grausam oder gemein zu dir, ist die ganze Welt grausam zu dir.

Er fragte mich: »Wie kann ich die Wertschätzung anderer erlangen?« Zunächst muss man natürlich lernen, sich selbst wertzuschätzen. Er musste sich zu würdigen lernen, ein neues Urteil über sich gewinnen, eine neue Blaupause seiner selbst ins Leben rufen.

Ich zeigte diesem jungen Mann die Wahrheit über sich und erklärte ihm, wie er sich lieben und wertschätzen konnte: »Erniedrigen, verabscheuen und verurteilen Sie sich, können Sie sich nicht erheben oder anderen Achtung, Wohlwollen und Respekt entgegenbringen. Es ist nämlich ein kosmisches Gesetz des Geistes, dass wir unablässig unsere Gedanken, Gefühle und Überzeugungen auf andere projizieren. Und was wir aussenden, kehrt zu uns zurück.«

Wir sind alle Kinder des Unendlichen, und alle Eigenschaften und Kräfte Gottes sind in uns und warten nur darauf, ihren Ausdruck zu finden. Du solltest diese göttliche Gegenwart in dir lieben, ehren und preisen. Wir müssen den uns innewohnenden Gott lieben und ehren. Immerhin bist du der Tempel des lebendigen Gottes. Gott wohnt in dir, wandelt und spricht durch dich. Selbstliebe im wahren biblischen Sinne heißt, den lebendigen himmlischen Geist in dir zu ehren, zu akzeptieren, zu achten und ihm ergeben zu sein. Davon ist die Rede, wenn es heißt, dem Göttlichen gesunden, ehrfürchtigen Respekt entgegenzubringen.

Das hat nicht das Geringste mit Egoismus, Eigennutz oder Selbsterhöhung, Narzissmus oder Ähnlichem zu tun. Im Gegenteil, es ist die aufrichtige Verehrung des Göttlichen in dir, denn du bist der Tempel des lebendigen Gottes. Die allerhöchste Intelligenz erschuf dich, verlieh dir Leben, beseelt und bewahrt dich. Sei ihr treu. Verleihe dem Geschaffenen keine Macht. Verleihe auch den äußeren Umständen, Bedingungen, Sternen, Männern oder Frauen oder der Atmosphäre keine Macht. Tätest du das, hörtest du auf zu lieben und wärst der allerhöchsten Ursache, Substanz und Macht nicht mehr ergeben.

Der höchste himmlische Geist in dir ist die allerhöchste Ursache. Deshalb verleihen wissenschaftliche Denker nichts Geschaffenem Macht. Sie verleihen der Welt der Phänomene keine Macht. Sie verleihen dem himmlischen Geist Macht, der schöpferischen Macht in sich. Hältst du dich daran, liebst du dein Selbst, das wahre Selbst in dir. Ehrst und preist du Gott in dir, wirst du unwillkürlich das Göttliche in anderen ehren und achten. Aber liebst du dein Selbst nicht, kannst du auch anderen Menschen keine Liebe entgegenbringen. Du kannst es einfach nicht. Weil du nicht etwas geben kannst, was du nicht hast.

Du eignest dir diese göttliche Liebe in dir an, indem du Ehre erweist und Ehrfurcht empfindest. Wie Ralph Waldo Emerson, ein amerikanischer Philosoph und Dichter, der ebenfalls an die Wirkungskraft des Geistes glaubte, sagte: »Ich, der Unvollkommene, verehre das Vollkommene.« Verehre das Unendliche, das in deiner Mitte lächelnd ausgestreckt liegt. Preise Gott in dir: Verherrliche Gott in deinem Körper, denn du bist ein Tempel des lebendigen Gottes. Ehrst, achtest und liebst du dein Selbst, wirst du auch andere lieben, wertschätzen und ehren.

Der Handelsvertreter lauschte aufmerksam und begierig und sagte dann: »So hat es mir noch nie jemand erklärt. Mir ist jetzt klar, was ich getan habe. Ich habe mich herabgesetzt und war voller Vorurteile, Groll und Bitterkeit. Und was ich ausgesandt habe, kehrte zu mir zurück. Ich habe einen wahren Einblick in mein Selbst bekommen.«

Fortan übte sich dieser Handelsvertreter mehrmals täglich mit großer Aufrichtigkeit im Bejahren von Wahrheiten, die ihm halfen, sein Selbst lieben und kennen zu lernen; er wusste, dass diese Wahrheiten aus seinem Bewusstsein in sein Unterbewusstsein übergehen würden und dort Samenkörner bildeten, die jedes nach ihrer Art aufgehen und sich Ausdruck verschaffen würden.

Dies ist sein Gebet: »Ich weiß, dass ich nur das geben kann, was ich habe. Von diesem Augenblick an werde ich meinem wahren Selbst, das Gott ist, einen gesunden, ehrfürchtigen und tiefen Respekt entgegenbringen. Ich bin ein Ausdruck Gottes, und Gott benötigt mich dort, wo ich bin; andernfalls wäre ich nicht hier. Von diesem Augenblick an ehre, achte und begrüße ich die Gottheit in all meinen Mitarbeitern und allen Menschen überall. Ich bringe dem Selbst einer jeden Person Verehrung und Ehrfurcht entgegen. Ich bin eins mit dem Unendlichen. Ich bin enorm erfolgreich. Und ich wünsche allen, was ich mir wünsche. Ich bin im Frieden.«

Ja, lerne, dich zu lieben. Und lerne die wahre Bedeutung des *Liebe dich selbst.* Dein Selbst ist das Göttliche in dir. Liebe bedeutet in der Bibel, Ihm deine Ergebenheit, Hingabe und Treue zu schenken und dich zu weigern, etwas Geschaffenem Macht zu verleihen. Letzteres möchte ich ganz besonders hervorheben, denn wenn du Sternen, Sonnen, Monden oder Gegenständen huldigst, hast du keinen Gott. Dann hast du dich vom Göttlichen entfernt.

Dieser junge Mann hat sich von Grund auf verändert. Er ist nun nicht mehr furchtsam, schüchtern und gereizt, er entschuldigt sich nicht mehr dafür, am Leben zu sein, und lässt sich nicht mehr als Fußabtreter missbrauchen. Er hat gewaltige Fortschritte gemacht, und das kannst du auch. Lerne, dein wahres Selbst zu lieben; dann wirst du lernen, andere zu lieben und zu achten. Blickst du auf dich herab; das heißt, verurteilst du dich oder bist du gemein zu dir, kannst du auch nicht gut von anderen denken, denn du projizierst deine Gefühle, Stimmungen und Einstellungen auf andere.

Es gibt die Mutter, die sich selbst vernachlässigt. Sie trägt alte Klamotten, ernährt sich schlecht und gibt das Beste den Kindern. Sie isst selbst Fastfood und tischt ihren Kindern Filet Mignon auf. Sie hält das für edel, aber sie gibt den Kindern damit ein sehr schlechtes Beispiel. Sie sollte die beste Kleidung tragen und das beste Essen zu sich nehmen. Sauberkeit kommt gleich nach Göttlichkeit. Sie sollte ihren Kindern auch den Reichtum des Unendlichen nahe bringen. Gott macht dich reich; weshalb solltest du dann arm sein? Gott hat dir von allem reichlich gegeben, damit du Freude empfindest.

Prentice Mulford, einer der Wegbereiter der New Thought-Bewegung, schrieb, dass dieser Typ Frau über sich selbst denkt: »Ich bin eine alte und zerfallende, wettergegerbte Hülle und kann mich nicht mehr lange halten. Mir bleibt nur noch, meinen Kindern in Form einer Amme, Köchin und Dienerin den Weg zu bereiten.« Und das ist bestimmt kein gutes Beispiel. Die Mutter muss ihr Selbst lieben und es ehren und auch die Göttlichkeit in ihren Kindern, indem sie ihnen sagt, wer sie sind. Wir sind alle Kinder des Unendlichen, und auch Kinder der Ewigkeit.

Ich bekam einmal einen Brief von einem Mann, der behauptete, nicht verstehen zu können, weshalb alles um ihn herum ihn ärgerte. Ich bat ihn, mich aufzusuchen. Bei unserem Gespräch stellte ich fest, dass er anderen ständig Vorhaltungen machte. Er mochte sich nicht; er blickte auf sich herab. Er war voller Selbstverachtung. Selbstverachtung und Selbstkritik sind die verheerendsten geistigen Gifte. Sie schicken psychischen Eiter durch dein ganzes System, rauben dir deine Lebenskraft, Begeisterung und Energie und lassen dich als körperliches und geistiges Wrack zurück.

Preise stets Gott in deiner Mitte. Wann immer du dazu ansetzt, dich zu kritisieren, halte inne und sage: »Ich preise Gott in meiner Mitte, den mächtigen Heiler.« Mach das, und geschieht es auch tausendmal am Tag. Nach einer Weile wirst du es ganz von selbst tun, und du wirst dich mehr mögen und mehr lieben.

Dieser Mann sprach in einem sehr gespannten, gereizten Tonfall. Seine Redeweise ging einem auf die Nerven. Er dachte vorwiegend an sich und war äußerst kritisch gegenüber anderen. Ich erklärte ihm, auch wenn er seine unangenehmen Erfahrungen scheinbar mit anderen Menschen mache, werde sein Verhältnis zu ihnen doch von seinen Gedanken und Gefühlen über sie und sich selbst bestimmt. Ich machte ihm deutlich, dass er, wenn er sich selbst verabscheute, auch anderen kein Wohlwollen und keinen Respekt entgegenbringen könne. Es sei ein geistiges Gesetz, dass er seine Gedanken und Gefühle ständig auf seine Mitarbeiter und alle um ihn herum projizierte.

Er begann zu erkennen, dass er, solange er Gefühle des Vorurteils, der Feindschaft und Verachtung auf andere projizieren würde, genau das auch zurückbekäme; denn diese Welt ist nichts als ein Widerhall der eigenen Stimmungen und Einstellungen. Ich gab ihm eine mentale und spirituelle Formel, die es ihm ermöglichte, seine Gereiztheit und seinen Hochmut zu überwinden.

Er beschloss, die folgenden Gedanken auf sein Unterbewusstsein zu übertragen: »Ich übe mich von nun an in der goldenen Regel; das heißt, dass ich über andere so denke, spreche und sie so behandele, wie ich mir wünsche, dass sie über mich denken, sprechen und mich behandeln. Ich gehe friedlich meinen Weg und bin frei, denn ich lasse allen anderen auch ihre Freiheit. Ich wünsche mir aufrichtig Frieden, Wohlstand und Erfolg für alle. Ich bin stets im Gleichgewicht, ruhig und gelassen. Gottes Friede durchströmt meinen Geist und mein ganzes Wesen. Andere schätzen und achten mich, wie ich mich selbst schätze und achte. Das Leben ehrt mich, weil es mir alles im Überfluss gewährt. Die Belanglosigkeiten im Leben ärgern mich nicht mehr. Klopfen Furcht, Sorge, Zweifel oder Kritik bei mir an, öffnet der Glaube an das Gute, Wahre und Schöne die Pforte meines Verstandes, und niemand steht davor. Die Suggestionen und Aussagen anderer haben keine Macht über mich. Die einzige Macht ist die Bewegung meiner Gedanken. Denke ich Gottes Gedanken, steht meinen Gedanken an das Gute auch die Macht Gottes bei.«

Er sagte sich diese Wahrheiten morgens und abends,

legte Gefühl und Inbrunst hinein. Er sagte das ganze Gebet auswendig auf. Er erfüllte die Worte mit Leben, Liebe und Bedeutung, und durch Osmose sickerten die Ideen nach und nach in die Schichten seines Unterbewusstseins. Einige Zeit später teilte er mir begeistert mit: »Mir ist vollkommen klar, dass mein neues Verständnis meines Geistes und seiner Funktionsweise mein ganzes Leben verändert hat. Ich habe gelernt, wie ich mich aus dem Gesetz des Durchschnitts herausentwickeln kann. Ich komme gut voran und bin in den letzten Monaten zweimal befördert worden. Nun verstehe ich die Wahrheit des Abschnitts: ›Ich aber werde von der Erde erhöht werden, und dann werde ich alle zu mir ziehen‹ (Johannes 12, 32).«

Er bedeutet, dass sich alle Offenbarungen erfüllen. Erhöhst du die göttliche Gegenwart, erhöhst du die Vorstellung deiner selbst; so schaffst du ein neues Konzept von dir, eine neue Einschätzung, eine neue Blaupause. Würdige dich. Wir alle wünschen uns Anerkennung. Wir wollen, dass unsere Kinder uns ehren und lieben. Wir wollen, dass unsere Familie uns schätzt. Wir wollen, dass unser Chef und unsere Mitarbeiter gut über uns denken. Aber wenn du selbst nicht gut über dich denkst und dich für einen alten Kriecher oder dergleichen hältst, dann wird jeder auf dir herumtrampeln.

Dieser junge Mann hatte gelernt, dass das Problem in ihm selbst lag. Und er hatte beschlossen, seine Gedanken, Gefühle und Reaktionen zu verändern. Das kann auch jeder andere Mensch. Man benötigt dazu nur Entschlossenheit, Hartnäckigkeit und das starke Verlangen, sich zu ändern. »Dann geh und mach du es ebenso!« (Lukas 10, 37).

Ein befreundeter Astronom vertraute mir einmal an, dass er jahrelang den Himmel abgesucht habe, um durch das Teleskop die Antwort auf die Geschichte der Schöpfung und das Rätsel des Universums zu finden. Aber in letzter Zeit habe er dorthin geschaut, wo sich das schmale Ende des Teleskops befindet. Er setzte hinzu, dass das schmale Ende das wichtige Ende sei, denn in uns ist Gott, der lebendige, himmlische, allmächtige Geist, das Lebensprinzip. Das ganze Geheimnis der Schöpfung befindet sich dort. Erfahren wir etwas über uns selbst, erfahren wir etwas über das Universum.

Es wird Zeit, den Betrachter zu betrachten. Bei dem Versuch, Glück, Frieden und Wohlstand außerhalb unseres Selbst zu finden, haben wir es versäumt, in uns hineinzuschauen, in die unendliche Fülle von Reichtümern in unserem Unterbewusstsein. Wo anders als in deinem Geist kannst du Ausgewogenheit, Gleichgewicht, Frieden und Glück finden? Es gelingt dir durch dein Denken, Fühlen und das Empfinden von Einheit mit den ewigen Wahrheiten und spirituellen Werten des Lebens.

Höre auf das, was Shakespeare schrieb: »Grausam dir selbst gesinnt, dein eigener Feind« (Sonett 1). Wie kannst du sagen, was eine Frau mir einmal über sich sagte: »Ich bin ein Nichts«? Stell dir vor, so etwas zu sagen. Sie ist ein Kind des Unendlichen, eine Tochter der Ewigkeit, ein Kind des lebendigen Gottes. Gott gab ihr alles. Gott gab ihr Sich; ihre Lebensessenz ist Gott, denn Gott ist Leben.

William Shakespeare schrieb außerdem: »Was für ein Werk ist doch der Mensch, wie edel an Verstand, wie unbegrenzt an Fähigkeiten, an Gestalt und Bewegung wie feingefügt und bewundernswert, an Taten wie gleich einem Engel, an Ahnung wie gleich einem Gott« (Hamlet, II/2). Nachdem du das gelesen oder gehört hast, erwächst da nicht eine neue Selbsteinschätzung in dir? Gewinnst du da nicht neuen Respekt für dein Selbst, das dein Herz schlagen lässt und im Schlaf über dich wacht? Und wenn du sagst: »Ich will um zwei Uhr morgens aufstehen«, weckt es dich dann nicht auf die Sekunde genau, selbst wenn keine Uhr im Zimmer ist?

Der Philosoph Ralph Waldo Emerson schrieb: »Allen Individuen ist ein Verstand gemein. Alle lassen das Gleiche in sich ein und sind vom Gleichen.« Und er schrieb auch: »Der, der sich dem Recht der Vernunft überlässt, ist ein freier Mensch im geweihten Stande.« Beginne es zu glauben. Erkenne, dass die unendliche Intelligenz, das Leitprinzip des Universums, in dir ist.

Sie ist dein höheres Selbst. Ich spreche jetzt nicht von deinem Ego oder deinem Intellekt. Ich spreche von dem unendlichen Wesen in dir, das einen Schnitt an deinem Finger heilt und all deine lebenswichtigen Organe koordiniert, während du tief schläfst. Es koordiniert alle Prozesse und Funktionen deines Körpers. Dir ist die Fähigkeit gegeben, Entscheidungen zu treffen – nutze deine Phantasie; alle Kräfte Gottes sind in dir. Dein Geist ist Gottes Geist, denn es gibt nur einen himmlischen Geist.

Nutzt du bewusst, entschlossen und konstruktiv die unendliche Weisheit in dir, wird aus dir ein freier Mensch im geweihten Stande, sagt Emerson. Emerson fordert dich auf, deine Vorstellung von dir selbst zu erweitern, wenn er die grundlegende Wahrheit verkündet: »Was Plato gedacht hat, darf der Mensch denken. Was ein Heiliger gefühlt hat, darf der Mensch fühlen. Was einmal irgendeinem Menschen widerfahren ist, kann jeder verstehen. Wer Zugang zum universellen Geist hat, nimmt an allem teil, was ist und getan werden kann, denn dieser ist die einzige und höchste Ursache.« So wundervoll bist du. Emerson war einer der größten Denker aller Zeiten. Er war ständig im Einklang mit dem Unendlichen, und er forderte uns alle auf, das Unendliche Potenzial in uns freizusetzen.

Emerson lehrte die Würde und Größe des Menschen und lenkte die Aufmerksamkeit der Menschen darauf, dass das Große uns nur deshalb groß erscheint, weil wir knien, dass wir Plato und anderen nur deshalb Größe bescheinigen, weil sie ihre Gedanken auch umsetzten und nicht nach den Vorstellungen anderer handelten. Beginne eine erhabene, edle und ehrwürdige Vorstellung von dir selbst zu entwickeln.

In meinen vielen Unterlagen habe ich den Brief einer Frau, die mir schrieb: »Mein Mann hat mich vor einem Jahr wegen einer jüngeren Frau verlassen. Ich war so außer mir vor Wut, dass mein Arzt sagte, das jähe Auftreten von Arthritis verdanke sich meinem emotionalen Schock und Zorn, meiner Feindseligkeit und meinem Hass. In den vergangenen drei Monaten habe ich jeden Tag, wie Sie mir rieten, kühn erklärt, dass mein Körper ein Tempel des lebendigen Gottes sei und ich Gott in meinem Körper preise. In den letzten paar Monaten habe ich jeden Tag ungefähr fünfzehn Minuten lang morgens, mittags und abends bejaht, dass Gottes Liebe jedes Atom meines Wesens durchdringt und Sein himmlisches Wesen mein ganzes Sein erfüllt. Ich habe auch für meinen ehemaligen Mann gebetet. Ich wusste im Herzen und in der Seele, dass nur Gottes Liebe in mich einzutreten brauchte, und jeglicher Hass würde mich verlassen. Liebe vertreibt Hass; Frieden vertreibt Schmerz; Freude vertreibt Traurigkeit. Nun spielt sich in meinem Körper eine erstaunliche Veränderung ab. Das Ödem und die schrecklichen Schmerzen sind abgeklungen. Die Geschmeidigkeit und Beweglichkeit meiner Gelenke hat sich beträchtlich verbessert. Und die Kalkablagerungen verschwinden allmählich. Mein Arzt ist begeistert, genau wie ich. Mir wird immer bewusster, dass ich ein Kind Gottes bin und dass Gott mich liebt und für mich sorgt. Ich weiß, dass diese neue Selbsteinschätzung in meinem Leben Wunder gewirkt hat. Jeglicher Hass auf meinen Exmann ist verschwunden, und ich bin auf dem Weg zu vollkommener Gesundheit. Das göttliche Gesetz und die göttliche Ordnung erfüllen mich.«

Auch du kannst Gott in deiner Mitte preisen, »den mächtigen Heiler«, wie die Bibel sagt. Und wenn du Ihn ehrst und anerkennst und begreifst, dass du der Tempel bist, in dem Gott wohnt, dann lausche den leisen Schritten des unsichtbaren Gasts. Die vertraute göttliche Gegenwart klopft an die Pforte deines Herzens. Diese Pforte lässt sich nur von innen öffnen, musst du wissen.

Öffne deinen Geist und dein Herz in diesem Augenblick. Lass den Einfluss des Heiligen Geistes zu. Erkenne, dass Sein Strom des Friedens dich durchdringt. Erkenne, dass das unendliche Meer göttlicher Liebe dein ganzes Wesen erfüllt. Du bist in das Licht der heiligen Allgegenwart gehüllt und darin eingetaucht. Höre nicht auf zu erkennen, dass du ein Sohn oder eine Tochter des lebendigen Gottes bist, dann werden auch in deinem Leben Wunder geschehen.

Jene Frau fand heraus, wozu die Macht der wahren Einschätzung ihres Selbst fähig war. Sie stellte fest, dass sie, wenn sie von sich als einem Tempel dachte, in dem Gott wohnt, und wenn sie begann, diese göttliche Gegenwart zu ehren, zu preisen und anzurufen, mit den Emotionen von Liebe, Frieden, Harmonie, Zuversicht, Freude, Lebenskraft, Ganzheit und Wohlwollen reagierte. Als sie begann, sich zu lieben und zu achten, stellte sie fest, dass jeglicher Hass verschwand und Liebe heranrauschte, um das Vakuum zu füllen.

Liebe ist die Erfüllung des Gesetzes von Gesundheit, Glück, Erfolg und Wohlstand, denn es steht geschrieben, dass du das bist, was du denkst. »Wie der Mensch in seinem Herzen denkt, so ist er« (Sprichwörter 23, 7). In seinem Herzen, nicht in seinem Kopf. Und das Herz ist dein Unterbewusstsein. Deshalb wird das, was du tief in deinem Herzen wirklich empfindest und glaubst, sich bewahrheiten, denn es ist zum Ausdruck gebrachter Glaube.

Glaube an die Güte Gottes im Land der Lebenden. Glaube an die Führung durch diesen unendlichen himmlischen Geist in dir. Gott ist der himmlische Geist. Jene, die Ihn verehren, verehren Ihn im Geist und in der Wahrheit. Deshalb verehre keinen Menschen auf Gottes weiter Erde, denn dann würdest du nicht Gott verehren. Verehrung heißt, dem höheren Selbst in dir deine innige Hingabe zu schenken und Ihm Bewunderung entgegenzubringen, ihn deiner größten Aufmerksamkeit und Ergebenheit für würdig zu erachten und dich zu weigern, etwas Geschaffenem Macht zu verleihen: einem Mann, einer Frau oder einem Kind. Wisse, dass der Gott im anderen auch der Gott in dir ist; deshalb würdest du, wenn du den anderen verletzt, nur dich selbst verletzen.

Wenn du das weißt, benutze eine großartige Formel. Sage dir: »Ich segne und preise das Gute im anderen. Ich preise Gott in meiner Mitte. Außerdem ehre und preise ich Gott in der Mitte der anderen Person.« Bist du verheiratet, begrüße das Göttliche in deiner Frau oder deinem Mann. Erhebe Anspruch darauf, dass Gottes Wahrheit auch ihre oder seine Wahrheit ist. Dann wird die Ehe im Laufe der Jahre immer gesegneter. Es gibt viele Lumpensammler, musst du wissen. Sie hüllen sich ständig in die Unzulänglichkeiten des anderen. Sie sind voller Ärger und Groll; dann entfernen sie sich natürlich von Liebe und Harmonie. Ein solches Entfernen beginnt im Kopf. Entfernst du dich von deinem Ehegelübde, bist du wahrlich geschieden.

Die Psychologen erzählen uns, dass sich jeder ein »Drehbuch« für sein Leben schreibt. Dieses Drehbuch kann ein hohes Maß an Selbstachtung und Optimismus oder ein geringes Maß an Selbstachtung und Pessimismus zum Ausdruck bringen; es kann uns glücklich machen oder uns Probleme bereiten. Bitte versteh das nicht so, dass Menschen mit einem hohen Maß an Selbstachtung immer heiter und optimistisch durchs Leben gehen und solche mit einem geringen Maß an Selbstachtung immer niedergeschlagen. Wir alle durchlaufen Phasen, in denen es nicht gut läuft. Der Unterschied besteht darin, dass solche mit einem hohen Maß an Selbstachtung leichter wieder zurückfinden als solche, deren Selbstachtung nicht so hoch ist.

Menschen mit einem hohen Maß an Selbstachtung haben positive Drehbücher für sich geschrieben. Sie mögen sich. Ist es wichtig, sich zu mögen? Selbstverständlich. Gott will, dass wir Ihn mit all unserer Kraft lieben, mit aller Inbrunst, mit unserem ganzen Wesen. Und der Ewige erschuf die Menschen nach Seinem Ebenbild. Ein hohes Maß an Selbstachtung ist die Grundlage für Selbstbewusstsein und Respekt vor Gott.

Zahlreiche Menschen, die eine niedrige Meinung von sich hatten, konnten dies überwinden, indem sie Maßnahmen ergriffen, die ihre Selbstachtung steigerten. Manchmal mit professioneller Hilfe, oft aber auch einfach kraft des eigenen Willens haben sie die Drehbücher, auf denen ihr Leben beruht, umgeschrieben.

Bedauerlicherweise hat ein geringes Maß an Selbstachtung oder, schlimmer noch, Selbsthass, oft tiefe psychische Wurzeln. In solchen Fällen ist professionelle Hilfe erforderlich, um das zu überwinden. Aber die meisten von uns verabscheuen sich nicht. Vielleicht haben wir vorübergehend Durchhänger in unserer Selbstachtung, die wieder etwas aufgepäppelt werden muss. Kümmert man sich nicht um diese Durchhänger, kann das zu ernsten Konsequenzen führen. Aber wir brauchen keinen Psychologen; das können wir selbst erledigen. Ermutigung durch einen Freund, den Partner, einen Pfarrer oder Chef ist hilfreich, doch selbst ohne eine derartige Unterstützung können wir es schaffen.

Wir alle erleben in unserem Leben Erfolge und Fehlschläge. Ein Fehlschlag hat zwei Konsequenzen. Die eine ist greifbar – das Problem an sich. Die andere ist nicht greifbar – die Niedergeschlagenheit und der Verlust der Selbstachtung, die mit dem Fehlschlag einhergehen. Wir haben gelernt, mit den greifbaren Problemen umzugehen, indem wir sie pragmatisch angehen. Mit den psychologischen Aspekten klarzukommen ist schon schwieriger. Aber auch das geht. Es muss gehen. Sonst versinken wir in Depression, verabscheuen uns selbst und verurteilen uns zu Elend und weiteren Fehlschlägen. Dann haben wir ein schlechtes Drehbuch geschrieben.

Fehlschläge können wir überwinden, indem wir uns auf unsere Errungenschaften und Erfolge konzentrieren. Fühlen wir uns deprimiert, dann ist unsere Selbstachtung auf dem Tiefpunkt und wir sollten, statt uns in unserem Scheitern zu suhlen, an unsere früheren Errungenschaften denken. Wir haben es schon einmal geschafft; wir können es wieder schaffen. Das erhöht unsere Selbstachtung; es ermöglicht uns, etwas von einem beklagenswerten Fehlschlag in einen bevorstehenden Erfolg zu verwandeln.

Selbstachtung ist vergänglich. Sie muss ständig genährt und aufgebaut werden. So, wie der Coach eines Sportlerteams sich bemüht, seine Schützlinge durch ermunternde Worte zu motivieren und Begeisterung und Selbstvertrauen in ihnen zu wecken, damit ihre ganze Kraft in das Ziel fließt, das Spiel zu gewinnen, so brauchen auch wir gelegentlich ermunternde Worte. Wir brauchen ermunternde Worte, wenn unsere Begeisterung für das Leben nachlässt, wenn wir niedergeschlagen sind, wenn wir Fehlschläge erlitten haben. Aber wo ist der Coach?

Wir müssen unser eigener Coach sein. Hast du dir jemals ermunternde Worte zugesprochen? Wollen wir das Drehbuch in unserem Verstand umschreiben, dann müssen wir uns ermunternde Worte zusprechen. Wir müssen uns daran erinnern, dass wir gut sind, dass wir Sieger sind, dass wir *erfolgreich* sind.

Aber wir haben noch einen Coach auf höherer Ebene. Gott. Ein Gebet kann ein Mittel sein, das uns hilft, Niedergeschlagenheit und Pessimismus zu überwinden. Ein Gebet lädt Gott ein, unseren Geist mit Seiner Gegenwart zu durchfluten, Seinen Willen in unserem Leben geschehen zu lassen. Ein Gebet kann verdorrten Feldern zwar kein Wasser bringen, es kann auch keine kaputte Brücke reparieren oder eine zerstörte Stadt wiederaufbauen, aber ein Gebet kann eine durstige Seele laben, ein gebrochenes Herz heilen und einen geschwächten Willen stärken.

Unsere Selbstachtung regiert unser Leben. In unserer Jugend spornt sie uns an, im mittleren Alter ernährt sie uns und zuletzt erneuert sie uns. Wir müssen die negativen Worte in unserem persönlichen Drehbuch durch positive Worte ersetzen. Worte der Verzweiflung müssen durch Worte der Hoffnung ersetzt werden, Worte des Scheiterns durch Worte des Erfolges, Worte der Niederlage durch Worte des Sieges, Worte der Sorge durch Worte der Ermutigung, Worte der Apathie durch Worte der Begeisterung, Worte des Hasses durch Worte der Liebe.

Speist euren Verstand mit euren Gedanken und labt eure Seele in euren Gebeten an Worten der Ermunterung, der Liebe und der Selbstachtung. Ja, denn solange wir uns selbst nicht lieben, können wir auch unsere Mitmenschen nicht lieben und ganz sicher nicht Gott.

Zusammenfassung

1. Du musst dich selbst lieben, denn dein wahres Selbst ist Gott. Ehrst und preist du Gott in dir, wirst du unwillkürlich das Göttliche in anderen ehren und achten. Aber liebst du dein Selbst nicht, kannst du auch deiner Frau, deinem Mann und sonst niemandem Liebe entgegenbringen. Du kannst es einfach nicht. Weil du nicht etwas geben kannst, was du nicht hast.

2. Verabscheust du dich selbst, kannst du auch anderen kein Wohlwollen und keinen Respekt entgegenbringen. Es ist ein geistiges Gesetz, dass wir unsere Gedanken und Gefühle ständig auf unsere Mitarbeiter und alle um uns herum projizieren.

3. Wenn wir versuchen, Glück, Frieden und Wohlstand außerhalb unseres Selbst zu finden, haben wir es versäumt, in uns hineinzuschauen, auf die unendliche Fülle von Reichtümern in unserem Unterbewusstsein. Wo anders als in deinem Geist kannst du Ausgewogenheit, Gleichgewicht, Frieden und Glück finden? Es gelingt dir durch dein Denken, Fühlen und das Empfinden von Einheit mit den ewigen Wahrheiten und spirituellen Werten des Lebens.

4. Menschen mit einem hohen Maß an Selbstachtung haben positive Drehbücher für sich geschrieben. Sie mögen sich. Ist es wichtig, sich zu mögen? Selbstverständlich. Gott will, dass wir Ihn mit all unserer Kraft lieben, mit aller Inbrunst, mit unserem ganzen Wesen. Und der Ewige erschuf die Menschen nach Seinem Ebenbild. Ein hohes Maß an Selbstachtung ist die Grundlage für Selbstbewusstsein und Respekt vor Gott.

5. Fühlen wir uns deprimiert, dann ist unsere Selbstachtung auf dem Tiefpunkt und wir sollten, statt uns in unserem Scheitern zu suhlen, an unsere früheren Errungenschaften denken. Wir haben es schon einmal geschafft; wir können es wieder schaffen. Das erhöht unsere Selbstachtung; es ermöglicht uns, das Drehbuch in unserem Verstand von einem beklagenswerten Fehlschlag in einen bevorstehenden Erfolg zu verwandeln.

6. Speist euren Verstand durch eure Gedanken und labt eure Seele in euren Gebeten an Worten der Ermunterung, der Liebe und der Selbstachtung. Ja, denn solange wir uns selbst nicht lieben, können wir auch unsere Mitmenschen nicht lieben und ganz sicher nicht Gott.

3. Kapitel

Die Liebe und ein neues Selbstbild

Du kannst dir eine neue Vorstellung von dir machen. Ja, du kannst ein neues Selbstbild erschaffen. Sich ein »Bild« zu machen hängt eng mit Vorstellungen zusammen. Die Vorstellungskraft ist die Werkstatt Gottes. Sie kleidet alle Ideen ein und verleiht ihnen Form. Künstler verleihen durch die göttliche Kunst der Vorstellungskraft all ihren wundervollen Ideen bildhafte Gestalt.

Machst du dir eine Vorstellung oder setzt deine Phantasie ein, wird das, was in deinem tieferen Selbst verborgen ist, offenbar. Durch Vorstellungskraft nimmt das, was im Verborgenen ruht oder in dir schlummert, Form an und wird zum Gedanken. Wir denken etwas, was bisher nicht offenbar war. Ich möchte hier einige Beispiele nennen.

Als du dich auf deine Hochzeit vorbereitet hast, hattest du ein klares, realistisches Bild vor Augen. Kraft deiner Vorstellung hast du den Pfarrer, Priester oder Rabbi gesehen. Du hast ihn oder sie gehört, wie er die Worte sprach, hast die Blumen gesehen, die Kirche und die

Musik gehört. Du hast dir den Ring an deinem Finger vorgestellt. Vor deinem geistigen Auge bist du schon in den Flitterwochen nach Europa, zu den Niagarafällen oder sonstwohin gereist. All das geschah durch Bilder in deinem Geist. Auf die gleiche Weise nahm auch vor deinem Collegeabschluss eine herrliche Szene für dich Gestalt an. Du hast all deinen Vorstellungen von diesem Abschluss Ausdruck verliehen. Du hast dir den Professor oder Dekan vorgestellt, wie er dir dein Diplom überreicht. Du hast all die Studenten mit ihren Hüten und Roben gesehen. Du hast gehört, wie deine Eltern und deine Freunde dir gratulierten. Du hast die Umarmung und den Kuss gespürt. Es war alles real, dramatisch, aufregend und wundervoll.

Bilder tauchen vor deinem inneren Auge auf wie aus dem Nichts. Aber du weißt, dass es einen inneren Schöpfer gab und gibt, der all diese Formen erschuf, die du in deinem Verstand gesehen hast, und der sie mit Leben, Bewegung und einer Stimme versah. Diese Bilder sagten zu dir: »Wir leben einzig für dich.« Willst du größer sein, als du es bist? Willst du grandioser, prächtiger, edler oder gottgleicher sein, als du es bist? Willst du eine gute Verdauung haben? Nun, dann musst du Angst, Groll und Selbstverurteilung aufgeben. Willst du bekommen, so musst du erst geben. Du musst das negative Denken aufgeben, um dich im konstruktiven Denken üben zu können. Liebst du die

Person, die du werden willst? Dann gib die Person auf, die du jetzt bist. Bist du bereit, das Alte aufzugeben, damit du das Neue erfahren kannst?

Hast du Ware in deinem Regal, und ist sie alt und verdorben oder kaputt, verkaufst du sie nicht mehr. Du ersetzt sie durch neue Ware. Ebenso musst du wissen, wer du sein willst. Stell dir vor, jetzt das zu machen, wonach du dich immer gesehnt hast.

Eine junge Frau, die fleißig an unseren Kursen teilnahm, wollte Schauspielerin werden. Sie war eine großartige Tänzerin und Sängerin. Sie stellte sich vor, auf der Bühne zu stehen, und in ihrer Vorstellung tanzte sie. Es war alles ganz lebensecht und real. Sie sang auch erhabene Kadenzen – alles vor ihrem geistigen Auge. Sie sah das Publikum vor sich. Sie visualisierte, wie ihre Mutter und ihre Freunde ihr gratulierten. Sie erlebte die Umarmung ihrer Mutter und wie diese ihr sagte, dass sie wundervoll gewesen sei und wie betörend sie sänge. Sie hörte all dies. Es war lebensecht und real. Immer wieder durchlebte sie ihre Rolle vor dem geistigen Auge – und es zahlte sich aus. Einige Monate später bekam sie einen großartigen Vertrag in Las Vegas. Mit anderen Worten, sie begann sich auszumalen, was sie sein wollte, und durchlebte diese Rolle. Sie liebte diese Rolle. Sie schuf ein neues Selbstbild, das sie sehr liebte. Diese Vorstellung entzückte und faszinierte sie. Liebe ist Faszination.

Man kann sich in Musik verlieben, man kann sich in Kunst verlieben und man kann sich in das Gesetz verlieben. Du kannst dich hinsetzen und über Gesundheit, Glück, Seelenfrieden, Überfluss, Sicherheit, das rechte Handeln, Harmonie, Eingebung und Führung nachdenken. Man kann sich auf diese Dinge einlassen, ihnen Aufmerksamkeit schenken, ihnen Hingabe entgegenbringen und die Treue halten. Auch du kannst betört, fasziniert, gefangen und vereinnahmt werden; dann wird dein Unterbewusstsein reagieren. Wie du in deinem Herzen oder Unterbewusstsein denkst, so bist du. So wirst du handeln, und so wirst du werden.

Solche Prozesse laufen nicht, wie du vielleicht glaubst, über den Kopf, sondern über das Herz, denn deine Vorstellungen müssen emotionalisiert werden und sich wahr anfühlen. Jeder Gedanke, der dir in den Sinn kommt, und jede Vorstellung, die du zulässt, ruft eine bestimmte Reaktion und Emotion hervor. Mit der Zeit sinkt sie in dein Unterbewusstsein ab, durchdringt es und wird zu einem Zwang; deshalb bist du gezwungen, das zu sein, zu machen und zum Ausdruck zu bringen, worüber du nachdenkst.

So lautet das Gesetz deines Unterbewusstseins. Du solltest dieses Gesetz lieben. Du kannst nämlich erschaffen, was du willst, und Liebe vertreibt Angst, sodass alle Angst dich verlassen wird, wenn du dich in eine höhere Vorstellung von dir selbst verliebst. Du kannst sofort anfangen. Dies ist eine wundervolle Gelegenheit, dich in all die großartigen Wahrheiten zu versenken. Aber woher kommen die lebensechten Bilder?

John Keats, ein englischer Dichter des frühen neunzehnten Jahrhunderts, der als Vertreter der Romantik hervorragende Oden schrieb, sagte, in uns gäbe es ein altes Wissen. Wir könnten, wenn wir wollten, den alten Wein des Himmels trinken. War er mit Problemen oder unangenehmen Situationen konfrontiert, machte er klugen Gebrauch von seiner Vorstellungskraft. Seine Biografen unterstrichen, dass er häufig viele Stunden lang eingebildete Gespräche führte. Es ist bekannt, dass er die Gewohnheit hatte, sich einen seiner Freunde in einem Sessel gegenüber vorzustellen, der ihm stets die richtige Antwort gab.

War er also wegen etwas in Sorge, stellte er sich einfach einen Freund vor, komplett mit den vertrauten Gesten und dem Tonfall der Stimme, der ihm die richtigen Antworten gab; dabei stellte er sich die Szene so lebensecht und real wie möglich vor. Es funktionierte, denn die Vorstellungskraft ist die Werkstatt Gottes.

Ein Geschäftsmann, dessen Geschäfte gut laufen, der aber stets negativ denkt, soll mir als Beispiel für den zerstörerischen Gebrauch von Vorstellungen dienen. Er kommt vom Büro nach Hause. Vor seinem geistigen Auge lässt er einen Kinofilm des Scheiterns ablaufen, in dem er die Regale leer sieht und sich vorstellt, pleite zu sein, keinen Cent mehr auf der Bank zu haben und das Geschäft schließen zu müssen. Dabei geht es ihm in Wahrheit immer besser. An diesem negativen geistigen Bild ist nichts Wahres. Es ist von A bis Z erlogen. Mit anderen Worten, das, was er befürchtet, existiert gar nicht, bis auf die krankhafte Vorstellung davon. Er wird nie scheitern, wenn er dieses morbide Bild, das mit der Emotion der Angst befrachtet ist, nicht aufrechterhält. Lässt er diesem Bild aber freien Lauf, ist sein Scheitern unabwendbar.

In deiner Vorstellungskraft solltest du alle geistigen Unreinheiten wie Angst, Sorge, destruktive innere Gespräche und Selbstverurteilung eliminieren. Du musst deine ganze Aufmerksamkeit auf dein Ideal richten. So, wie die junge Frau, die später in Las Vegas erfolgreich wurde, ihre ganze Aufmerksamkeit darauf richtete, eine große Tänzerin und Sängerin zu werden, musst du dich weigern, dich von deinem Zweck oder Ziel im Leben abbringen zu lassen. Wenn du geistig in der Realität deines Ideals aufgehst, verliebst du dich in ein höheres Bild von dir selbst. Du liebst es und bleibst ihm treu. Dann wirst du sehen, wie dein Verlangen in der Welt Gestalt annimmt.

Im Buch Josua heißt es: »Entscheidet euch heute, wem sonst ihr dienen wollt« (Josua 24, 15). Du hast die freie Wahl: Du kannst dir alles vorstellen, was dir gefällt und einen guten Leumund hat, was edel und wundervoll ist, was dir mehr Frieden und mehr Gesundheit, mehr Lebenskraft und mehr Wohlstand bringt. Denke darüber nach.

Versuchst du, dich mit deiner Vorstellungskraft anzulegen, wirst du immer den Kürzeren ziehen. Alkoholiker wissen, dass der Versuch, ihren Alkoholismus mit Willenskraft zu überwinden, immer dazu führt, dass das Gesetz der sich negativ auswirkenden Bemühung Anwendung findet. Sie erreichen das Gegenteil dessen, worum sie beten, und scheitern. Sie treiben sich weiterhin zum Trinken, weil sie an das Trinken denken und das Glas ständig vor ihren inneren Augen schwebt. Richten sie hingegen ihre Aufmerksamkeit auf Seelenfrieden, Nüchternheit und Göttlichkeit und erkennen, dass eine allmächtige Kraft ihnen den Rücken stärkt, dann können sie ihren Alkoholismus überwinden.

Versuche nie, Alkoholismus oder eine negative Gewohnheit durch Willenskraft zu bekämpfen. Dabei stellst du dich nur geistig auf das Trinken oder die schlechte Gewohnheit ein. Jede Idee, jede Sehnsucht besitzt ihre eigene Gesetzmäßigkeit, so, wie jedes Samenkorn sich nach seinen Gesetzmäßigkeiten entwickelt. Es liegt in der Natur einer Eichel, zum Baum zu werden, zu einer Eiche; und es liegt in der Natur eines Apfelgehäuses, dass ein Apfelbaum aus ihm erwächst. Je mehr du an das Trinken denkst, desto stärker wird der Zwang zu trinken. Worauf du deine Aufmerksamkeit richtest, das vergrößert und multipliziert dein Unterbewusstsein. Richtest du deine Aufmerksamkeit beständig auf eine Handlung, wirst du sie irgendwann auch ausführen müssen.

Stell dir vor, im Gleichgewicht zu sein, ausgeglichen. Stell dir vor, dass du ruhig, gelassen, entspannt bist und tust, was du gerne tust. Ich kannte einmal einen Anwalt in New York, der Alkoholiker geworden und in der Gosse gelandet war. Er wollte seinen Alkoholismus aufrichtig überwinden. Auf meinen Vorschlag hin stellte er sich vor, wieder an seinem Schreibtisch zu sitzen, ordentlich rasiert, in einem piekfeinen Anzug, und vor ihm tagte das Gericht, vor dem er einen Klienten vertrat. Wohlgemerkt: All dies geschah in seiner Vorstellung. Er ließ den Film in seinem Kopf ablaufen. Er sagte: »Das will ich sein – wieder in meiner früheren Funktion als Anwalt, der einen Klienten verteidigt, ihm beisteht und ihn berät«, und so weiter. Er durchlebte diese Rolle. Meldete sich der Entzug oder wurde die Versuchung zu groß, dann baute er dieses Bild vor seinem geistigen Auge auf. Dies tat er wieder und wieder. Und natürlich drangen seine Gedanken durch Osmose in sein Unterbewusstsein ein. Das Unterbewusstsein übernahm es und zwang ihn zu Nüchternheit und Seelenfrieden.

Nein, wir sprechen hier nicht von Tagträumereien.

Wenn du dir einen Berggipfel anschaust und sagst: »O je, dorthin könnte ich nicht mehr; dafür bin ich schon zu alt; ich hätte keine Chance«, dann packst du die Sache nicht richtig an. Echte Vorstellungskraft bedeutet, den Berggipfel zu betrachten, eine geistige Grundlage zu schaffen und zu sagen: »Ich werde bis ganz nach oben steigen.« *Und es wird dir gelingen,* weil du dich dazu entschlossen hast. Wir sprechen hier nicht von bloßer Einbildung. Du musst auf das vertrauen, was du machst, und wissen, weshalb du es machst; dann wirst du auch Ergebnisse erzielen. Du musst dich als das vorstellen, was du sein willst, auch wenn deine Gefühle dem zunächst entgegensprechen. Bestehe auf einem glorreichen Auftritt, auch wenn du dich für einen Versager hältst. Auch wenn du vielleicht kein großes Verlangen hast, so zu handeln, diszipliniere deinen Geist. Rufe die negativen Bilder zurück. Führe deine Vorstellungen, deine Aufmerksamkeit immer wieder auf den Weg, den du gehen willst. Begib dich in die Rolle dessen, der gerade jemand Erstrebenswertes ist und etwas Erstrebenswertes macht. Mach es wieder und wieder, so, wie du gelernt hast zu laufen oder Golf zu spielen oder zu schwimmen. Wenn du es ständig wiederholst, wird dein Unterbewusstsein dieses Muster annehmen. Dann wird es für dich zu einer zweiten Natur, zu einer Reaktion auf dein bewusstes Denken und Handeln. Also mach es wieder und wieder, bis es für dich ein vernünftiges und akzeptables Handeln ist. Dann wird es ein Teil von dir.

Hör nicht auf, dir deine Rolle vorzustellen. Du musst dir die Rolle vorstellen und diese Rolle durchleben, dann wirst du Festigkeit und Stärke aufbauen, weil eine allmächtige Kraft reagiert und dich zu Nüchternheit und Seelenfrieden zwingt. So lautet das Gesetz deines Geistes.

Vor einiger Zeit flog ich nach Reno, auf die Bitte eines Paars hin, das zwanzig Jahre lang zusammengelebt hatte und jetzt an Scheidung dachte. Als ich mit den Eheleuten sprach, fand ich heraus, dass die Frau die Gewohnheit hatte, ihren Mann herunterzuputzen. Sie gab zu, dass sie ihn in Restaurants und bei privaten gesellschaftlichen Anlässen oft mit Obszönitäten beschimpfte. Er beklagte sich darüber, dass sie ihn ständig der Untreue bezichtigte, was bloß ihrer Einbildung entsprang.

Diese Frau litt an extremen Temperamentsausbrüchen, war äußerst eifersüchtig und weigerte sich hartnäckig, einzugestehen, dass sie in irgendeiner Hinsicht für den ehelichen Konflikt mitverantwortlich war. Der Ehemann war passiv, sehr still und ordnete sich ihren Launen und cholerischen Anfällen vollkommen unter. Natürlich kommt man sofort zu dem Schluss, dass der Mann, wenn er dieses Verhalten seiner Frau einfach hinnahm, zweifellos ebenfalls krank sein musste.

Ja, er war krank, sehr krank sogar. Ein Fußabtreter ist etwas, auf dem man herumtrampelt. Du bist hier, um für deine Rechte und deine Privilegien einzutreten. Du bist hier, um für die Wahrheit einzutreten und »ja« zum Leben zu sagen. Sag »ja« zu allen Ideen, die heilen, segnen, inspirieren und erheben. Sag »nein« zu allem, was falsch ist. Sag »nein« zu jedem, der dich herunterziehen will. Sag »nein« zu allen Lügen auf der Welt. Und weigere dich absolut, sie hinzunehmen.

Die Frau sagte, dass sie ein Zuhause gehabt habe, in dem die Mutter den Ton angab, den Vater herumschubste und nach Strich und Faden betrog. Sie ereiferte sich: »Meine Mutter hatte keine Moral. Meine Mutter war grausam. Sie war eine Schlampe. Mein Vater war ein Narr. Er war unbeschwert und blind für alles, was sich abspielte, und meiner Mutter vollkommen hörig.«

Ich erklärte ihr, weshalb sie sich so verhielt; zunächst einmal hatte sie als Kind keine Liebe oder wahre Zuwendung erfahren. Ihre Mutter war vermutlich eifersüchtig auf sie gewesen, was ihr das Gefühl gegeben hatte, minderwertig und unerwünscht zu sein. Folglich hatte sie in den letzten zwanzig Jahren oder länger Schutzmechanismen dagegen aufgebaut, verletzt zu werden. Ihre Eifersucht entsprang einem Gefühl der Angst, Unsicherheit und Minderwertigkeit. Ich wies sie darauf hin, dass ihr Hauptproblem darin bestand, dass sie sich weigerte, Liebe und Wohlwollen zu geben. Ihr

Ehemann hatte bereits Geschwüre und einen zu hohen Blutdruck und litt an unterdrücktem Zorn und tief sitzendem Groll. Aber er war so verzagt, dass er nie ein Wort sagte und das Chaos in seinen vier Wänden seit zwanzig Jahren einfach hinnahm. Es ist viel anständiger, ehrenwerter und rechtschaffener, eine Lüge zu beenden, statt sie zu leben. Eine Lüge zu leben bedeutet ein Leben der Verwirrung, des Grolls und der Feindseligkeit, und wozu führt das? Es führt zu Chaos, Krankheit, Armut und was es sonst noch gibt.

In diesem Haus gab es keine Liebe. Wo es keine Liebe gibt, ist nichts. Wo es keine Güte und Rücksichtnahme, kein Mitgefühl und Verständnis gibt, ist eine Ehe eine Farce, eine Schande, eine Maskerade; sie ist vollkommen falsch.

Auf meinen Vorschlag hin begannen beide nach innen zu schauen. Sie begriff plötzlich, dass sie unbewusst einen Mann geheiratet hatte, der es zuließ, unter dem Pantoffel zu stehen, manipuliert und tyrannisiert und psychisch kastriert zu werden. Deshalb konnte er natürlich auch keine eheliche Beziehung mit ihr führen, weil er sie zutiefst verabscheute. Und der eheliche Akt ist nun einmal ein Liebesakt. Kein Wunder, dass es dort keine Liebe gab. Er hatte Potenzprobleme, was seine Frau anging, aber was andere Frauen anging, hatte er seine Männlichkeit nicht verloren. Das war ihm ebenfalls klar.

Sie erkannte, dass es ihr völlig an echter Zuneigung fehlte. Hinter ihrer besitzergreifenden Art, der starken Eifersucht und Feindseligkeit gegenüber ihrem Mann und seinen weiblichen Verwandten verbarg sich in Wahrheit die Sehnsucht nach der Liebe, die sie in ihrer Kindheit entbehrt hatte. Sie verzehrte sich geradezu nach Liebe; mehr noch, sie begann zu erkennen, dass sie ein Vaterbild geheiratet hatte. Er sagte: »Ich habe den Punkt erreicht, an dem ich mit allem abgeschlossen habe. Mein Arzt meint, ich sollte mich trennen. Ihr ständiges Gekeife macht mich ganz krank, und das Leben ist unerträglich.«

Sie kamen überein, dass sie es mit ihrer Ehe noch einmal versuchen wollten. Aber man braucht zwei, um eine Ehe zum Laufen zu bringen, allein geht das nicht. Man braucht zwei zum Streiten. Man braucht auch zwei, um vor Gericht zu ziehen. Der erste Schritt bestand darin, dass die Frau damit aufzuhören beschloss, ständig etwas zu tun und zu sagen, was ihren Mann verletzte und demütigte. Er wiederum beschloss, seine Rechte und Privilegien geltend zu machen, als Mensch wie als Ehemann. Er wollte vor ihren Wutanfällen und Schimpfworten nicht länger kuschen.

Ich gab beiden ein einfaches Gebet mit auf den Weg und riet zu einer Spiegelbehandlung. Es tat seine Wirkung. Du kannst es gern ausprobieren; jeder kann das.

Die Behandlung sah so aus, dass sie sich systematisch dreimal täglich in ihrem Schlafzimmer vor den Spiegel stellte und die folgenden Worte sprach: »Ich bin ein Kind Gottes. Gott liebt mich und sorgt für mich. Ich strahle Liebe, Frieden und Wohlwollen gegenüber meinem Mann und seinen Verwandten aus. Immer wenn ich an meinen Mann denke, empfinde ich aus tiefstem Herzen: ›Ich liebe dich, und ich sorge für dich.‹ Ich bin glücklich, heiter, von Liebe erfüllt, gütig und in Harmonie, und von Tag zu Tag bringe ich mehr von Gottes Liebe zum Ausdruck.«

Du musst wissen, was immer du an die Wörter »Ich bin« anhängst, das wirst du sein, und wenn du in den Spiegel schaust und diese Dinge im vollen Bewusstsein dessen sagst, was du tust und weshalb du es tust, funktioniert dein Bewusstsein wie ein Schreibstift und du trägst ein neues Selbstbild in dein Unterbewusstsein ein. Ist es dort eingraviert, wird es zu einem Zwang, denn dein Unterbewusstsein ist seinem ganzen Wesen nach zwanghaft. Deine Annahmen, Überzeugungen und Auffassungen diktieren und beherrschen dein gesamtes bewusstes Handeln.

Sie sagte dieses Gebet auswendig auf. Das ist nicht allzu schwer. Und als sie das Gebet vor dem Spiegel wiederholte, wusste sie, dass diese Wahrheiten zum Leben erweckt würden, da ihr Geist ein Spiegel ist, der zurückwirft, was man ihm vorhält. Ausdauer und Hartnäckigkeit zahlten sich aus, und nach zwei Monaten besuchte sie mich in Beverly Hills. Vor mir saß eine veränderte Frau; freundlich, liebenswürdig, höflich, sanft und überschäumend von neuem Leben. Sie hatte wahrlich ein neues Selbstbild entwickelt. Und sie hatte sich in dieses neue Selbstbild verliebt.

Liebe ist eine emotionale Bindung; Liebe ist ein Gefühl, ein Gewahrsein. Liebe befreit, und Liebe gibt. Liebe ist der himmlische Geist Gottes. Man kann sich auch in Musik verlieben, man kann sich in Kunst verlieben. Thomas Alva Edison, der Erfinder des Telefons und der ersten benutzbaren Glühbirne, verliebte sich in die Grundlagen der Elektrizität. Der berühmte Physiker Albert Einstein, der die Relativitätstheorie entdeckte, verliebte sich in die Grundlagen der Mathematik und Physik, ganz eingenommen und verzaubert, fasziniert, hinweggetragen und begeistert davon. Er entriss ihnen all ihre Geheimnisse.

Du kannst dich natürlich auch in Tiere verlieben, in Landwirtschaft. Du kannst dich in Pflanzen und Blumen verlieben. Du kannst dich in eine Sache verlieben, für die du eintrittst. Liebe vertreibt die Furcht.

Das spirituelle Rezept für ihren Mann hatte darin bestanden, zweimal täglich etwa fünf Minuten lang vor dem Spiegel zu stehen und sich folgende Worte zu sagen: »Du bist stark, mächtig, liebevoll, in Frieden, erleuchtet und inspiriert. Du bist enorm erfolgreich, glücklich, wohlhabend und aufstrebend. Du liebst deine Frau, und sie liebt dich. Immer wenn du an sie denkst, sagst du dir: ›Ich liebe dich, und ich sorge für dich.‹«

Nun herrscht dort Harmonie, wo vorher Zwietracht war, Frieden, wo Schmerz war, und Liebe, wo Hass war. Du kannst unmöglich vor einem Spiegel stehen und diese bejahenden Worte aussprechen, ohne ein Ergebnis zu erzielen, denn du trägst diese Worte in dein Unterbewusstsein ein. Du prägst sie dort ein. Durch Wiederholung, Glaube und Erwartung imprägnierst du dein Unterbewusstsein geradezu mit diesen Wahrheiten. Der Glaube weiß, was du machst und weshalb du es machst. Jedes Saatkorn wächst nach seiner Art. Es liegt in der Natur eines Apfelgehäuses, dass ein Apfelbaum aus ihm erwächst. Es liegt in der Natur deiner Gedanken, sich nach ihrer Art Ausdruck zu verschaffen.

Der Mann wusste, als er diese Wahrheiten über sich aussprach, dass sie allmählich durch Wiederholung in sein Unterbewusstsein eindringen würden, auch wenn er sich anfangs vielleicht wie ein Heuchler vorkam; und da das Unterbewusstsein zwanghaften Charakter hat, mussten beide Ehepartner zum Ausdruck bringen, was sie sich einpflanzen wollten, denn so lautet das Gesetz des Geistes.

Einmal sprach ich mit einem besorgten jungen Mann, den seine Tante zu mir gebracht hatte. Als wir sein Problem erörterten, wurde offensichtlich, dass er von seiner Mutter die Vorstellung hatte, dass sie ihn weder liebte noch verstand. So lange er sich zurückerinnern konnte, bis zum fünfzehnten Lebensjahr, hatte sie durch Peitschen und Kritik und Missbilligung seinen Gehorsam eingefordert.

Er war jetzt achtzehn. Er behauptete, dass er große Probleme habe, mit allen klarzukommen. Seine Tante sagte, sie habe ihn bei sich aufgenommen, weil bei ihr Liebe und Harmonie herrscht. Er schien eifersüchtig und neidisch auf seine Vettern zu sein, die so liebevolle Eltern hatten. Ich erklärte ihm, dass seine momentane Einstellung nur ein simpler Schutzmechanismus war, der ihn dazu brachte, Menschen, die freundlich und gütig waren, zurückzuweisen. Und dass er alles den traumatischen Erlebnissen seiner Kindheit zu verdanken habe. Sein Vater hatte seine Mutter verlassen, als er ein Jahr alt war, und er empfand furchtbaren Hass auf seinen Vater, den er nie gesehen und der nie Verbindung mit ihm aufgenommen hatte.

Dieser junge Mann begann zu verstehen, dass seine Mutter sich zweifellos selbst hasste, denn man muss sich erst selbst hassen, bevor man einen anderen hassen kann. Sie projizierte diesen Hass auf ihren einstigen Mann, ihren Sohn und alle, die ihr nahe waren. Für den jungen Mann gab es ein einfaches Heilmittel. Ich erklärte ihm, dass er nichts weiter zu tun brauchte, als seine Vorstellung von seiner Mutter zu ändern. Als wir über die geistigen Gesetze sprachen, begriff er, dass das Bild, das er von seiner Mutter hatte, auch seinem Bild von sich selbst entsprach, denn egal, welches Bild er vor Augen hatte, es wurde von seinem Unterbewusstsein geschaffen und fand in seinem Körper und äußeren Umständen seinen Ausdruck.

Er bediente sich folgender Methode: Er stellte sich seine Mutter vor seinem geistigen Auge glücklich, heiter, friedlich und liebevoll vor. Das kann jeder. Das kann jeder, der es wirklich will. Wie sehr willst du das, was du willst? Ja, wenn du ein großer Musiker werden willst, setzt du dich hin und übst. Dann studierst du. Du widmest dich deiner Aufgabe, gibst dich ihr völlig hin. Und dann wirst du auch ein großer Musiker.

Dieser junge Mann stellte sich vor, wie seine Mutter ihn lächelnd und strahlend umarmte, wobei sie sagte: »Ich liebe dich. Ich bin froh, dass du zurückgekommen bist.« Er konnte die Wärme ihrer Umarmung spüren, den Kuss auf seiner Wange. Er konnte die Berührung ihrer Hand und ihrer Finger spüren, die Natürlichkeit, die Greifbarkeit und Richtigkeit all dessen. Du kannst das auch. Und immer wieder sagte sie dabei zu ihm: »Ich liebe dich. Ich bin froh, dass du zurückgekommen bist.« Nach sechs Wochen hörte ich erneut von dem jungen Mann. Er war zu seiner Mutter zurückgekehrt und hatte eine wundervolle Position in einer Elekronikfirma angenommen. Er hatte das alte Bild seiner Mutter ersetzt und war die zerstörerische, hasserfüllte Vorstellung losgeworden. Gleichzeitig hatte er ein neues Selbstbild gewonnen, das sein Leben veränderte. Göttliche Liebe erfüllte nun sein Herz, und Liebe löst bekanntlich alles auf, was ihr nicht gleicht.

Liebe befreit. Liebe gibt. Liebe ist der himmlische Geist Gottes. Liebe ist nicht prahlerisch. Liebe ist gütig. Glaube wirkt durch Liebe. Liebe löst alles auf, was ihr nicht gleicht. Liebe ist wie das Feuer: Sie verbreitet ihre Wärme in allen Winkeln des Zimmers. Sie hat weder Höhe noch Tiefe, weder Länge noch Breite, weder kommt noch geht sie, und doch füllt sie den gesamten Raum aus; das nannten die Alten Liebe. Liebe versucht das Herz zu berühren. Liebe ist Wohlwollen gegenüber allen. Liebt ihr einander, seht ihr begeistert, wie der andere all das wird und zum Ausdruck bringt, was er werden und zum Ausdruck bringen will. Du liebst es, Gott in deiner Mitte zu preisen, den mächtigen Heiler. Liebt ein Ehemann seine Frau, will er, dass seine Frau sich zum Ausdruck bringt. Er möchte, dass sie ihre Talente der Welt offenbart. Er sagt nicht: »Du musst zu Hause bleiben. Du bist jetzt verheiratet. Du musst in der Küche bleiben.« Das ist nicht Liebe. Das ist das Gegenteil von Liebe. Liebe befreit; sie gibt. Liebe ist der himmlische Geist Gottes. Liebe ist Wohlwollen.

Kürzlich habe ich in einem Zeitungsartikel von einer ein Meter fünfzig kleinen, fünfundfünfzig Kilo leichten

Frau gelesen, die es schaffte, einen siebenhundertfünfzig Kilo schweren Wagen anzuheben und damit das Leben ihres Vaters rettete. Ihr Name war Janet Stone, zwanzig Jahre alt, die Tochter von Robert Stone aus Corvina, Kalifornien. Er reparierte gerade sein Auto, als der Wagenheber nachgab. Das Auto stürzte auf ihn. Janet hörte seine Schreie und fand ihn unter dem Auto eingeklemmt vor. In einer unglaublichen Kraftanstrengung hob sie den Wagen hoch, befreite ihren Vater, trug ihn zu ihrem Wagen und fuhr ihn ins Krankenhaus. Die Liebe dieser Tochter zu ihrem Vater und ihr brennendes Verlangen, um jeden Preis sein Leben zu retten, ergriff ihren Verstand und bewirkte, dass die Kraft des Allmächtigen dem Brennpunkt ihrer Aufmerksamkeit zuströmte und es ihr ermöglichte, diese herkulische Tat zu vollbringen, die ihrem Vater das Leben rettete.

Denke daran, alle Macht des Unendlichen ist in dir und ermöglicht dir, auf allen Gebieten des Lebens Außergewöhnliches zu vollbringen. Deshalb wird sie allmächtig genannt. Alle Macht, die das Universum bewegt, ist in dir. Es ist allwissend und erfüllt alles, dieses immer Lebendige, Weise, Allwissende. Es erschuf dich aus einer Zelle. Es erschuf das Universum und alles, was es enthält. Es regiert die Galaxien im Weltraum. Mit erstaunlicher mathematischer Genauigkeit veranlasst es die Planeten, ihre Umlaufbahnen einzuhalten, und die Erde, sich um ihre Achse zu drehen. Alles ist in göttlicher Ordnung, die das erste Gesetz des Himmels ist.

Ein hervorragender Sänger in einem Kasino in Las Vegas erzählte mir einst, dass er vor einigen Jahren noch Kellner gewesen sei, aber schon immer das brennende Verlangen gehabt habe zu singen; und viele seiner Freunde, die ihn hatten singen hören, seien nicht müde geworden, ihm zu versichern, dass er alle Qualitäten und Fähigkeiten zu einem hervorragenden Sänger besaß. Ein Gast in dem Restaurant, in dem er arbeitete, habe ihm mein Buch *Die Macht Ihres Unterbewusstseins* geschenkt. Er habe dieses Buch förmlich verschlungen. Er sagte, jeden Abend habe er eine der Methoden angewandt, die in dem Buch beschrieben sind.

Abend für Abend saß er etwa zehn Minuten lang still da und stellte sich vor, auf der Bühne zu stehen und einem wundervollen Publikum etwas vorzutragen. Er gestaltete dieses geistige Bild so lebensecht und real wie möglich. Er stellte sich vor, wie das Publikum applaudierte und seine Freunde ihm zu seiner herrlichen Stimme gratulierten. Er sah sie lächeln und fühlte ihre Hände, wie sie ihm begeistert auf die Schulter schlugen. Nach nicht ganz drei Wochen ergab sich für ihn eine Möglichkeit, seinem inneren Bild Ausdruck zu verleihen. Er erlebte in der Realität, was er bisher in seiner Phantasie empfunden und sich vorgestellt hatte.

Liebe ist eine emotionale Bindung, und als er begann, sich mit dem größeren Bild seiner selbst zu identifizieren, reagierte sein Unterbewusstsein entsprechend und das brennende Verlangen seines Herzens wurde Wirklichkeit.

Vor einigen Jahren besuchte ich einen Geschäftsmann im Krankenhaus. Er war an einer Gürtelrose erkrankt, die ihm starke Schmerzen bereitete. Außerdem litt er unter den Folgen eines Herzinfarkts. Anscheinend hatte die Kombination der Umstände ihn finanziell und körperlich gebrochen. Durch schlechte Investitionen hatte er beinahe das ganze Geld verloren, das er während der vielen Jahre seines Lebens gespart hatte. Um das Maß voll zu machen, hatte er auch noch schreckliche Todesangst.

Zu jener Zeit appellierte ich an seine Liebe zu seiner fünfzehnjährigen Tochter, seinem einzigen Kind. Ich betonte die Tatsache, dass sie ein Recht auf seine Liebe, seine Aufmerksamkeit, seine Zuwendung und seine Hingabe hatte. Sie brauchte seinen Schutz und wollte die höhere Schule besuchen. Sie wollte ihren wahren Platz in der Welt finden. Außerdem unterstrich ich, dass er nun, da er seine Tochter doch liebe und ihre Mutter bei der Geburt gestorben war, die Rolle von Vater und Mutter gleichzeitig spielen müsse und dafür zu sorgen habe, dass seine Tochter alle Vorteile genoss, die nur liebevolle Eltern ihr verschaffen konnten.

Er musste gesund werden, und ich nannte ihm eine einfache Methode, die darin bestand, dass er sich im Laufe des Tages immer wieder sein Zuhause vorstellen sollte; wie er durch die Wohnung ging, an seinem Schreibtisch saß, seine Post öffnete, ans Telefon ging und die Natürlichkeit, Greifbarkeit und Festigkeit der Umarmung seiner Tochter in seinen vier Wänden spürte. Ich gab ihm ein Gebet, das er möglichst oft am Tag gefühlvoll und im vollen Wissen um die Bedeutung der Worte wiederholen sollte: »Vater, ich danke dir für diese wundersame Heilung, die gerade stattfindet. Gott liebt mich und sorgt für mich.«

Der Mann führte die Anweisungen gewissenhaft aus. Einige Wochen später, als er noch im Krankenhaus lag und sich vorstellte, wie er zu Hause hinter seinem Schreibtisch saß, geschah plötzlich etwas. Er sagte: »Ich spürte, wie mich etwas aus der Dunkelheit in ein blendendes Licht hob. Ich spürte, wie göttliche Liebe meine Seele erfüllte. Ich spürte, wie mein Elend sich in Seelenfrieden verwandelte.« Er erlebte eine erstaunliche Heilung und ist heute glücklich und froh und im Geschäftsleben sehr erfolgreich. Er hat seine Verluste wieder wettgemacht, und seine Tochter besucht das College.

Ist jemand krank oder niedergeschlagen, so ist das eine gute Gelegenheit, an seine oder ihre Liebe zu appellieren, denn Liebe besiegt alles. Vollkommene

Liebe vertreibt jede Furcht. Fühlst du dich zu etwas hingezogen, liebst du. Du bist dann das, was du dir vorstellst zu sein. Deshalb stell dir vor, dass du enorm erfolgreich bist. Stell dir vor, dass du das tust, was du tun willst. Bleibe dabei. Mach es wieder und wieder.

Ein Arzt sagte einmal zu einem Mann, er müsse das Rauchen aufgeben. Es habe verheerende Auswirkungen auf seinen Blutdruck und sein Herz. Nun, der Mann begann an die vielen Vorteile wie Langlebigkeit, Seelenfrieden, bessere Wahrnehmung, gesteigertes Denkvermögen und mehr Gesundheit zu denken. Danach begann er sich auszumalen, wie der Arzt ihm zu seiner vollkommenen Gesundheit und seinem Seelenfrieden gratulierte. Und er sagte sich: »Ich werde diese Gewohnheit aufgeben.« Er begann wieder an all die Vorteile zu denken. Er sagte: »Ich verfüge es hiermit. Ich gebe das Rauchen jetzt auf. Ich bin frei von dieser Gewohnheit und habe meinen Seelenfrieden gefunden; ich bin von Gelassenheit erfüllt, ich bin von Klarheit erfüllt, ich bin von vollkommener Gesundheit erfüllt.«

Es heißt, wenn du etwas verfügst, nimmt es Gestalt an, und das Licht scheint auf all deinen Wegen. Verfügst du etwas und bist dabei aufrichtig, ist die Verfügung unwiderruflich, und das Unterbewusstsein akzeptiert sie. Der Raucher ließ dieses Bild mehrmals am Tag – morgens und abends – vor seinem geistigen Auge erscheinen und stellte sich vor, dass der Arzt ihn untersucht hatte und sagte: »Ihrem Herzen geht es gut. Ihr Blutdruck ist normal. Das ist wundervoll. Sie sind kerngesund.« Immer wieder malte er sich das aus. Was erreichte er damit? Nun, er prägte seinem Unterbewusstsein die Vorstellung von Freiheit, Seelenfrieden und vollkommener Gesundheit ein.

Das behielt er mehrere Wochen lang bei. Er verlor jedes Verlangen nach dem Rauchen. So funktioniert das Unterbewusstsein. Es nimmt dir das Verlangen. Es übt einen Zwang aus. Es veranlasst dich, das Rauchen aufzugeben, weil du an Freiheit und Seelenfrieden denkst. Der Mann suchte erneut den Arzt auf, und der sagte ihm genau das, was der Mann sich vorgestellt hatte.

Beginne konstruktiv und harmonisch zu denken. Denken ist wie sprechen; dein Gedanke ist dein Wort. In der Bibel heißt es, dass deine Worte wie Honig sein sollen, angenehm für das Ohr und angenehm für die Knochen. Deine Worte sollen »wie goldene Äpfel auf silbernen Schalen sein« (Sprichwörter 25, 11). Sehr schön, nicht wahr? Die Zukunft ist heranreifende Gegenwart. Sie ist dein unsichtbares Wort oder dein unsichtbarer Gedanke, sichtbar gemacht.

Sind deine Worte, deine Gedanken und deine inneren Bilder angenehm für das Ohr? Stellst du dir gerade Erfolg und Glück vor? Wenn du eine Europareise machst, stellst du dir dann eine schöne Reise vor? Ist dir klar, dass das Flugzeug Gottes Vorstellung davon ist, wie man frei, froh und liebevoll von einem Ort zum anderen gelangt? Du solltest sagen: »Der Pilot ist Gottes Schöpfung. Er ist erleuchtet und inspiriert. Er wird göttlich geführt. Die Liebe eilt uns voraus und ebnet uns den Weg. Göttliche Liebe umgibt das Flugzeug, schließt es ein und umfriedet es. Die Gegenwart Gottes durchdringt das Herz und den Verstand aller im Flugzeug. Und Gott beherrscht die Verkehrswege des Himmels hoch oben ebenso wie diejenigen auf Erden, sodass alle Straßen ein sicherer Weg unseres Gottes sind. Wenn du dir das bewusst machst, verliebst du dich in diese Reise.

Du verliebst dich in ein neues Bild, verliebst dich in die Wahrheit. Und deine Reise wird wundervoll werden, einfach atemberaubend schön. Du stellst sie dir vor, malst sie dir aus, hast sie so verfügt. Es ist alles real. Es ist alles lebensecht. Du erlebst es in deinem Verstand. Sind deine Worte, deine Gedanken und deine Bilder angenehm für dein Ohr? Worüber spricht dein Inneres gerade? Niemand hört dich. Es ist dein stiller Gedanke.

Vielleicht sagst du ja: »Ich kann nicht. Ganz unmöglich. Dafür bin ich zu alt. Welche Chance habe ich schon? Mary kann es, aber ich nicht. Ich habe kein Geld. Ich kann es mir nicht leisten. Ich habe es versucht, aber es ist sinnlos.« Deine Worte sind nicht wie Honig. Es ist nichts Angenehmes an ihnen.

Sie erheben dich nicht, sie inspirieren dich nicht. Vergiss niemals die Wichtigkeit der inneren Rede, des inneren Gesprächs, der inneren Ansprache. Dein stiller Gedanke ist es, diese stille Ansprache an dich, wenn du allein bist, wenn dein Kopf auf dem Kissen ruht, wenn du im Sessel sitzt und niemand in der Nähe ist, dein stiller Gedanke, der sich immer offenbaren wird. *Mögen die Worte deines Mundes und die Meditationen deines Herzens in Deinen Augen willkommen sein, o Herr, meine Kraft und mein Erlöser.*

Deine innere Rede bringt also zum Ausdruck, wie du dich im Innersten fühlst, denn das Innere spiegelt das Äußere. Ist deine innere Rede angenehm für die Knochen? Preist sie dich, lässt sie dich erschauern und macht sie dich glücklich? Knochen stehen für Stütze und Symmetrie. Lass dich von deiner inneren Ansprache nähren und stärken.

Sprich nun diese Verfügung (bedeutsam und voller Liebe): »Von diesem Augenblick an erlaube ich meinem Verstand, geistig nur noch jene Vorstellungen und Gedanken aufzunehmen, die meine Seele heilen, segnen, inspirieren, stärken, erhöhen und ehren.«

Liegst du im Krankenhaus, stell dir vor, wie du zu Hause bei deiner Familie bist oder wieder an deiner Arbeitsstelle hinter dem Schreibtisch. Der Mann auf dem

Fußballfeld, der sich verletzt hat und ins Krankenhaus gebracht wird – was meinst du wohl, wo er geistig ist? Er ist geistig auf dem Spielfeld. Er spielt Fußball. Hätte er nicht dieses Bild vor Augen, käme er nie aus dem Krankenhaus heraus. Stell dir vor, jemand im Krankenhaus sagt: »Ich bin erledigt. Ich bin erledigt. Hier komme ich nicht mehr raus. Meine Krankheit ist unheilbar.« Er wird dort bleiben. Du solltest im Krankenhaus die Vorstellung haben, dass du zu Hause bei deinen Liebsten bist. So kommst du wieder nach Hause. Hättest du diese geistige Vorstellung nicht, würdest du das Krankenhaus nie mehr verlassen.

Ja, die Vorstellungskraft ist die Werkstatt Gottes. Sie unterscheidet die Menschen voneinander. Sie ist ein Leuchtturm in einer Welt der Dunkelheit. Was du dir vorstellst, ist das Bild deiner erfüllten Sehnsucht. Vielleicht ist es eine neue Stellung oder Gesundheit. Lass deine Worte, deine stillen Gedanken und Gefühle mit deiner Sehnsucht zusammenfallen. Verlangen und Gefühl verbinden sich in einer geistigen Ehe und werden zum erhörten Gebet.

Lass deine Worte angenehm für das Ohr sein. Wem leihst du jetzt das Ohr? Worauf lauschst du? Worauf lauschst du, wenn du abends ins Bett gehst – auf Neuigkeiten über Mord, Verbrechen, Einbruch und dergleichen? Womit besudelst du deinen Geist, bevor du dich schlafen legst? Weshalb schlägst du nicht die Bibel oder ein anderes inspirierendes Buch auf? Singe Gott ein Lied. Erfülle deinen Geist mit ewigen Wahrheiten und gehe mit dem ewigen Lobpreis Gottes zu Bett. Solltest du nicht so schlafen gehen? Wir legen uns friedlich zum Schlafen hin, weil wir wissen, dass wir durch Gottes Hilfe in Sicherheit sind.

Worauf lauschst du? Wem schenkst du Aufmerksamkeit? Wem oder was du auch Aufmerksamkeit schenkst, es wird in deiner Erfahrung wachsen, sich vergrößern und multiplizieren – ob Gut oder Böse. Glaube entsteht durch Hören. Lausche den großen, ewigen Wahrheiten. Lausche der Stimme des Einen, der Ewig ist. Welche Sprache spricht er? Es ist nicht die Sprache einer Nation oder Kultur. Es ist die universelle Sprache der Liebe, des Friedens, der Freude, der Harmonie, des Vertrauens, der Zuversicht und des Wohlwollens. Sprichst du in der Sprache der Liebe, des Vertrauens und der Zuversicht, bedienst du dich der universellen Sprache. Dann sprichst du in unbekannten Sprachen, und jeder wird dich verstehen: Liebe, Frieden, Harmonie, Freude und das innere, stille Wissen der Seele. Das ist die universelle Sprache der Liebe. Das ist gemeint, wenn die Bibel von »unbekannten Sprachen« (1 Korinther 14, 21) spricht.

Leih dein Ohr diesen Sprachen und Kräften der Liebe. Labe dich geistig an diesen Eigenschaften, und hältst du daran fest, wirst du dich an diese positiven

Eigenschaften gewöhnen, und das Gesetz der Liebe wird dich beherrschen. Du hast dieses Zitat schon oft gehört: »Gott schuf die Menschen nach seinem Bild, als Gottes Ebenbild schuf er sie« (Genesis 1, 27). Dein Geist ist folglich auch Gottes Geist. Es gibt nur einen Geist, und dein Geist ist Gottes himmlischer Geist. Es gibt nur einen himmlischen Geist.

Erschaffen wir uns nach Gottes Ebenbild. So, wie der Zement die Form der Gebäude ausfüllt, so füllt deine Lebenskraft die Form deiner Gedanken und bringt sie als Form, Funktion, Erfahrung und Begebenheit zum Ausdruck. Deshalb bist du nach Gottes Ebenbild geschaffen, damit alle Individuen einen gemeinsamen Geist haben. Du lebst in einer individuellen Welt. Deine Erfahrungen, Bedingungen, Zustände, Umstände werden ebenso wie deine körperliche Gesundheit, dein finanzieller Status und dein gesellschaftliches Leben aus deinen geistigen Bildern erschaffen, und oft nach deinem Ebenbild.

Singst du gern, kannst du dir beispielsweise vorstellen, ein großer Sänger zu sein. Du kannst dir vorstellen, dass du vor einem auserwählten Publikum stehst und Gott in erhabenen Kadenzen durch dich singt. Du kannst dann sagen: »Ich singe für Ihn. Ich bin ausgeglichen, ruhig und gelassen. Ich bin entspannt und unbeschwert. Die Eingebung des Allmächtigen durchströmt mich. Und in mir steigt der Gesang Gottes auf. Und der Gesang, der in mir aufsteigt, erfüllt die Seele aller mit Freude, Glückseligkeit und Frieden. Sie sind alle wiedererweckt. Sie sind alle erhoben und inspiriert, denn die Stimmung von Liebe, Glaube und Zuversicht beeinflusst ihren empfänglichen Geist, und sie werden wieder heil und vollkommen.«

Glaubst du an deine Worte, wirst du tatsächlich einen erhabenen Gesang anstimmen. Du wirst dich in die Musik verlieben. Du hast dir ein neues Bild von dir gemacht. Wunder werden sich ereignen, wenn du auf diese Weise betest.

Deine ganze Welt ist so nach deinem Bild geschaffen. Gleiches zieht Gleiches an. Deine Welt ist ein Spiegel, der deine innere Welt der Gedanken, Gefühle, Überzeugungen und inneren Gespräche reflektiert. Beginnst du dir vorzustellen, dass böse Mächte gegen dich arbeiten oder du vom Unglück verfolgt bist oder andere Mächte und Menschen gegen dich arbeiten, wird dein tieferer Verstand dahingehend reagieren, dass er mit diesen negativen Bildern und Befürchtungen in deinem Geist in Austausch zu treten versucht. Deshalb wirst du anfangen zu sagen, dass alles gegen dich ist oder die Sterne dir nicht gewogen sind, oder du gibst dem Karma, deinen vergangenen Leben oder einem Dämon die Schuld.

Wirklich, die einzige Sünde ist der Hochmut. Leid ist keine Strafe. Er ist die Konsequenz aus dem Missbrauch der Gesetze des Geistes. Kehre zu der einen Wahrheit zurück und erkenne, dass es nur eine spirituelle Macht gibt, dann wirkt sie durch die Gedanken und Bilder deines Geistes. Probleme, Verdruss und Zwietracht entstehen aus dem Umstand, dass wir den falschen Göttern der Angst und des falschen Urteils gefolgt sind. Wir müssen in die Mitte zurück, zu Gottes Gegenwart in uns.

Bejahe die Oberherrschaft und Autorität der spirituellen Macht in dir, das Prinzip allen Lebens. Beanspruche göttliche Führung, Kraft, Nahrung und Frieden für dich, dann wird diese Macht entsprechend reagieren.

Im Folgenden werde ich dir nun zeigen, wie du zweifelsfrei und überzeugend eine Vorstellung oder ein geistiges Bild in dein Unterbewusstsein übertragen kannst. Das Bewusstsein ist persönlich und selektiv. Es wählt aus, wägt ab, analysiert, nimmt auseinander und erforscht. Es ist des induktiven wie des deduktiven Vorgehens fähig. Das Unterbewusstsein ist dem Bewusstsein untergeordnet. Man könnte es sogar als einen Diener des Bewusstseins bezeichnen. Das Unterbewusstsein folgt den Weisungen des Bewusstseins.

Dein bewusster Gedanke hat Macht. Die Macht, mit der du vertraut bist, ist der Gedanke. Im Hintergrund deines Gedankens befinden sich der Verstand, der himmlische Geist oder Gott. Gerichtete Gedanken erreichen die subjektive Ebene. Sie müssen eine gewisse Intensität besitzen. Intensität erreichst du durch Konzentration. Sich konzentrieren heißt, die Mitte zu finden und über die unendliche Macht in dir nachzudenken.

Willst du dich richtig konzentrieren, musst du das Räderwerk deines Verstandes zum Stillstand bringen und in einen ruhigen und entspannten Geisteszustand wechseln. Konzentrierst du dich, bündelst du deine Gedanken und richtest deine gesamte Aufmerksamkeit auf dein Ideal, dein Ziel oder Objekt. Du befindest dich dann an einem zentralen Punkt, an dem du deine gesamte Aufmerksamkeit und Hingabe deinem geistigen Bild widmest.

Das Prinzip gerichteter Aufmerksamkeit ähnelt einem Vergrößerungsglas, das Sonnenstrahlen in einem Brennpunkt bündelt. Es besteht ein Unterschied zwischen der Wirkung der diffusen Wellenbewegungen der Sonnenwärme und der Intensität der Strahlen an einem Brennpunkt. Mit einem Vergrößerungsglas lassen sich Strahlen so fokussieren, dass sie einen Gegenstand, auf den sie fallen, verbrennen. Die konzentrierte, ständige Aufmerksamkeit auf deine geistigen Bilder erreicht eine ähnliche Intensität, und so entsteht auf der empfindlichen Fotoplatte deines Unterbewusstseins ein tiefer, dauerhafter Eindruck.

Vielleicht musst du dieses Drama des Geistes mehrmals wiederholen, bevor sich ein Eindruck zeigt, aber das Geheimnis der Durchdringung des tieferen Verstandes ist die anhaltende oder dauerhafte Vorstellung. Überkommt dich tagsüber Furcht oder Sorge, kannst du immer sofort den Blick auf das herrliche Bild in deinem Verstand richten, in dem Bewusstsein und Wissen, dass du ein eindeutiges psychisches Gesetz in Anwendung bringst, das bereits im dunklen Haus deines Verstandes für dich arbeitet. Gehst du so vor, wässerst du deine Saat ganz vortrefflich und düngst sie, was zu beschleunigtem Wachstum führt.

Das Bewusstsein ist der Motor, das Unterbewusstsein der Treibstoff. Du musst den Motor anlassen, damit der Treibstoff seine Wirkung entfalten kann. Das Bewusstsein ist ein Dynamo, der die Macht deines Unterbewusstseins weckt.

Der erste Schritt bei der Übertragung deines Wunsches, Bildes oder Ideals auf den tieferen Verstand besteht darin, sich zu entspannen und Aufmerksamkeit aufzubauen, still und ruhig. Diese ruhige, entspannte, friedliche Geisteshaltung verhindert, dass Belangloses und falsche Ideen von deinem Verstand aufgenommen werden. Darüber hinaus sind bei der ruhigen, passiven, empfänglichen Geisteshaltung die Anstrengungen auf ein Minimum reduziert. Beten ist etwas Müheloses. Beim Beten bedarf es keines geistigen Aufwandes oder Zwanges. Immer wenn man geistigen Zwang ausübt oder Kraft aufwendet, kommt das Gegenteil dessen heraus, worum man gebetet hat. Das nennt man das Gesetz der sich negativ auswirkenden Bemühung.

Beim zweiten Schritt beginnst du dir die Realität des Ziels vorzustellen, das du dir gesetzt hast.

Ein gutes Beispiel dafür ist die Art und Weise, wie Louise L. dieses Prinzip anwandte, um die Stellung zu bekommen, die sie haben wollte. Louise hatte viel Erfahrung als Sekretärin, aber eigentlich wollte sie auf medizinischem Gebiet arbeiten. Sie nahm Kurse in »Arztsekretariat und Administration« an einer Volkshochschule und bewarb sich dann bei mehreren Eröffnungen von Arztpraxen, wurde aber immer abgelehnt, weil es ihr an »medizinischer Erfahrung« fehlte. Dennoch war sie entschlossen, ihr Ziel zu erreichen.

Jeden Abend und oft auch tagsüber sah sie sich in der Praxis eines Arztes, wie sie ihrem Chef half, alle Büroarbeiten in Sachen Versicherung und Administration zu erledigen, die so viel Zeit und Kraft erfordern, dass die Behandlung der Patienten darunter leidet. Sie visualisierte, wie sie dem Arzt beim Umgang mit den Patienten half. Vor ihrem nächsten Einstellungsgespräch sagte sie sich wiederholt: »Diesen Job bekomme ich. Vielleicht habe ich noch keine Erfahrung auf diesem Gebiet, aber ich weiß, dass ich genug kann und gelernt habe und auch bereit bin, hart genug zu arbeiten, um eine erfolgreiche Arzthelferin zu werden.«

Bei ihrem nächsten Einstellungsgespräch antwortete sie auf die Frage nach ihrer bisherigen Erfahrung: »Vielleicht habe ich noch nicht in einer Arztpraxis gearbeitet, aber ich war in all meinen Jobs erfolgreich, auch bei Dingen, mit denen ich vorher noch nichts zu tun hatte. Ich weiß, was ein Arzt von einer Arzthelferin erwartet; ich habe hart studiert und gearbeitet, um mich auf eine Laufbahn auf diesem Gebiet vorzubereiten, und ich wäre sicher die beste Arzthelferin, die Sie finden können.«

Der Arzt stellte sie an. Einige Monate später gestand er ihr, dass er nach Durchsicht ihrer Bewerbungsunterlagen eigentlich nur ein Höflichkeitsgespräch mit ihr hatte führen und sie gleich wieder hatte fortschicken wollen, aber ihr Selbstvertrauen und ihre Begeisterung hätten ihn beeindruckt. Und er fügte hinzu: »Ich bin froh, dass es so war. Sie sind die beste Arzthelferin, die ich bisher hatte.«

Diese Methode ist älter als unsere Bibel. Das Äußere spiegelt das Innere. Äußere Tätigkeiten folgen inneren Tätigkeiten. Man kann alles nur durch das Bewusstsein erfahren. Das Bewusstsein ist die Art und Weise, wie du denkst, fühlst, glaubst und deine geistige Zustimmung gibst. Überzeuge dich, dass es eine Macht in dir gibt, die fähig ist, alles, was du dir als wahr vorstellst und als wahr empfindest, ins Sein zu bringen. Sitzt du müßig herum, gibst du dich Tagträumen hin und stellst dir vor, was du gern besitzen würdest, wirst du nichts erreichen.

Du musst wissen und glauben, dass du dich eines geistigen Gesetzes bedienst. Du musst deinen Bildern ein Fundament verleihen. Überzeuge dich von deiner gottgleichen Macht, deinen Geist konstruktiv einzusetzen, um das, wonach es dich verlangt, ins Sein zu bringen. Es ist durchaus in Ordnung, Luftschlösser zu bauen, aber vergiss nicht das Fundament. Dann werden sie auch ins Sein treten.

Du musst wissen, was du willst. Das Unterbewusstsein wird die Idee ausführen, wenn du eine eindeutige, klar umrissene Vorstellung davon wirst, was du dein Eigen nennen willst. Stell dir deutlich die Erfüllung deines Wunsches vor. Dann gibst du dem Unterbewusstsein etwas, womit es arbeiten kann. Vielleicht siehst du die ersten Ergebnisse schon nach zwei oder drei Minuten oder auch später, je nach deinem Temperament, Empfinden und Verständnis. Es geht nicht so sehr um die verstrichene Zeit, sondern um die Qualität deines Denkens, das Ausmaß deines Gefühls oder Glaubens. Je fokussierter und konzentrierter deine Aufmerksamkeit ist und je länger du sie aufrechterhältst, desto vollkommener wird die Antwort auf dein Gebet sein. Glaube, dass du erhalten hast, und du wirst erhalten. Worum du im gläubigen Gebet auch bittest, es wird zu dir kommen.

Glauben heißt, etwas für wahr zu halten. Glaube, dann werden Wunder geschehen, wenn du betest, und du wirst die Freude des erhörten Gebets erfahren.

Zusammenfassung

1. Versuche nicht, eine schlechte Gewohnheit durch Willenskraft zu überwinden. Dabei stellst du dich nur geistig auf die schlechte Gewohnheit ein. Je mehr du an die schlechte Gewohnheit denkst, desto stärker wird der Zwang. Worauf du deine Aufmerksamkeit richtest, das vergrößert und multipliziert dein Unterbewusstsein. Richtest du deine Aufmerksamkeit beständig auf eine Handlung, wirst du sie irgendwann auch ausführen müssen.

2. Was immer du an die Wörter »Ich bin« anhängst, das wirst du sein, und wenn du in den Spiegel schaust und diese Dinge im vollen Bewusstsein dessen sagst, was du tust und weshalb du es tust, funktioniert dein Bewusstsein wie ein Schreibstift und du trägst ein neues Selbstbild in dein Unterbewusstsein ein. Ist es dort eingraviert, wird es zu einem Zwang, denn dein Unterbewusstsein ist seinem ganzen Wesen nach zwanghaft. Deine An-

nahmen, Überzeugungen und Auffassungen diktieren und beherrschen dein gesamtes bewusstes Handeln.

3. Du bist das, was du dir vorstellst zu sein. Deshalb stell dir vor, dass du enorm erfolgreich bist. Stell dir vor, dass du das tust, was du tun willst. Bleibe dabei. Mach es wieder und wieder.

4. Sprich nun diese Verfügung (bedeutsam und voller Liebe): »Von diesem Augenblick an erlaube ich meinem Verstand, geistig nur noch jene Vorstellungen und Gedanken aufzunehmen, die meine Seele heilen, segnen, inspirieren, stärken, erhöhen und ehren.«

5. Vergiss niemals die Wichtigkeit der inneren Rede, des inneren Gesprächs, der inneren Ansprache. Dein stiller Gedanke ist es, diese stille Ansprache an dich, wenn du allein bist, wenn dein Kopf auf dem Kissen ruht, wenn du im Sessel sitzt und niemand in der Nähe ist, dein stiller Gedanke, der sich immer offenbaren wird.

6. Das Bewusstsein ist der Motor, das Unterbewusstsein der Treibstoff. Du musst den Motor anlassen, damit der Treibstoff seine Wirkung entfalten kann.

Das Bewusstsein ist ein Dynamo, der die Macht deines Unterbewusstseins weckt.

7. Du musst wissen, was du willst. Das Unterbewusstsein wird die Idee ausführen, wenn du eine eindeutige, klar umrissene Vorstellung davon hast, was du dein Eigen nennen willst. Stell dir deutlich die Erfüllung deines Wunsches vor. Dann gibst du dem Unterbewusstsein etwas, womit es arbeiten kann.

4. Kapitel

Lerne, im Leben ja und nein zu sagen

Zwei der wichtigsten Worte auf der ganzen Welt sind »ja« und »nein«. Du bist verpflichtet, zu all den Ideen, die heilen, segnen, inspirieren und erhöhen, »ja« zu sagen, nur die ewigen Wahrheiten und spirituellen Werte des Lebens zu akzeptieren und diese dann entschlossen in deine Persönlichkeit zu integrieren.

Du musst »nein« sagen zu allen Lehren, Ideen, Gedanken, Überzeugungen und Dogmen, die deinen Verstand behindern, eingrenzen und mit Angst erfüllen. Anders ausgedrückt, akzeptiere geistig nichts, was deine Seele nicht mit Freude erfüllt. Du musst erkennen, dass Gott unendliches Leben ist und dass Er in diesem Moment dein Leben ist. Gott ist grenzenlose Liebe, und Seine Liebe erfüllt deine Seele. Gott ist Freude, und du drückst diese Freude in ihrer ganzen Fülle aus. Gott ist Weisheit, und dein Intellekt wird ständig mit seinem Licht gesalbt. Gott ist Frieden, und in deinen Gedanken, Worten und Taten bringst du immer mehr göttlichen Frieden zum Ausdruck.

Machst du es dir zur täglichen Gewohnheit, diese Wahrheiten zu erkennen, wirst du eine strahlende Persönlichkeit entwickeln, und es wird dir auf allen Wegen und in jeder Hinsicht gut ergehen.

In der Bibel steht: »Füllt die Täler auf, ebnet Berge und Hügel ein, macht das Krumme gerade und die buckligen Stellen flach!« (Jesaja 40, 4). Bist du im Tal der Verzweiflung, des Trübsinns und der Schwermut, wende dich an die Gottesgegenwart in dir und erkenne, dass äußere Dinge und Umstände nicht die Ursache sind. Alles vergeht. Zustände erschaffen keine anderen Zustände. Die erste Ursache ist dein Denken und Fühlen. Gedanke und Gefühl erschaffen dein Schicksal, und Gedanke und Gefühl repräsentieren deine Geisteshaltung, die Art und Weise deines Glaubens. Zustände und Umstände sind rein suggestiv. Du hast die Macht, sie abzulehnen oder anzunehmen. Deshalb lass es zu, dass die unendliche Intelligenz dir den Ausweg offenbart. Betrachte die Dinge so, wie du sie haben willst, dann wird der Berg (das Problem) versetzt und der Hügel (das Hindernis oder die Schwierigkeit) zertrümmert.

Lässt du göttliches Gesetz und göttliche Ordnung in deinem Leben herrschen, wird das Krumme (das Auf und Ab des Lebens, die Wechselfälle des Schicksals) gerade werden und das Bucklige flach. Das heißt, du wirst beginnen, ein ausgeglichenes Leben des Wachstums, der Errungenschaften und des Fortkommens zu führen, frei von Umwegen, Krankheiten, Unfällen, Verlusten oder törichter Vergeudung von Energie, Zeit und Mühe. Hältst du den Blick auf die Gottesmacht gerichtet und stimmst du dich auf die unendliche Weisheit in dir ein, stellst du durch dein Denken und Fühlen Verbindung her, werden alle Barrieren, Verzögerungen, Hindernisse und Schwierigkeiten verschwinden, und die Wüste deines Lebens wird wie eine Rose zu ihrer vollen Pracht erblühen.

Sag »ja« zu der folgenden Weisung in der Bibel. Sie ist wunderschön. »Im Übrigen, meine Brüder und Schwestern: Richtet eure Gedanken auf das, was schon bei euren Mitmenschen als rechtschaffen, ehrbar und gerecht gilt, was rein, liebenswert und ansprechend ist, auf alles, was Tugend heißt und Lob verdient« (Philipper 4, 8).

Das ist dein spiritueller Maßstab. Beurteile all deine Gedanken, Reaktionen, Gefühle, Glaubenssätze und Überzeugungen auf der Grundlage dieser ewigen Wahrheiten. Alles, und sei es eine Predigt deines Pfarrers, Priesters, Imams oder Rabbis, alles, was nicht mit diesen spirituellen Werten übereinstimmt, sollte von deinem Verstand schlichtweg abgelehnt werden. Sag »ja« zu allen Idealen, die deine Seele heilen, segnen, inspirieren, erhöhen und ehren. Aber zögere nicht, zu allen Gedanken oder Suggestionen von Furcht, Sorge,

Groll, Abneigung, Bitterkeit und Feindseligkeit entschlossen und nachdrücklich »nein« zu sagen. Vergiss nicht, dass das, wozu du im Leben »ja« sagst, in deinem Unterbewusstsein abgelegt wird und schließlich als Erfahrung, Zustand oder Begebenheit ins Sein tritt.

Ralph Waldo Emerson, einer der größten Philosophen der Welt, schrieb einmal: »Hört auf, gegen das Böse anzukläffen. Singt von der Schönheit des Guten.« Ist das nicht herrlich? Das, wozu du entschlossen und nachdrücklich »nein« sagst, verschwindet aus deiner Erfahrung.

Vor einiger Zeit sprach ich mit einer Frau, die in einem großen Büro angestellt war. Die Arbeitszeit endete um siebzehn Uhr. Doch regelmäßig und systematisch sagten einige der anderen Angestellten zu ihr Dinge wie: »Mary, ich habe einen Termin bei der Pediküre. Machst du noch diese Schreiben für mich fertig?« Und eine andere sagte, sie habe einen Termin beim Zahnarzt oder Doktor. Wieder andere behaupteten, zum Flugplatz zu müssen, um Verwandte abzuholen und so weiter. Bereitwillig übernahm sie all diese Arbeiten, obwohl sie das gleichzeitig tief verabscheute. Mary musste lernen, in ihrem Leben »nein« zu sagen. Sie erkannte, dass diese egoistischen Personen ihr etwas vormachten und sie ausnutzten, sie herumschubsten und hinter ihrem Rücken über sie lachten.

Daraufhin beschloss sie, ebenfalls Termine mit ihrer Pediküre und ihrem Zahnarzt zu vereinbaren. Als sie dann erneut gebeten wurde, Überstunden zu machen, sagte sie ihnen, dass es nicht ginge, da sie selbst einen Termin einhalten müsse. Von da an ließ sie es nicht mehr zu, auf diese Weise ausgenutzt zu werden. Es ist falsch, wenn man es zulässt, dass die Menschen einen ausnutzen oder einem etwas wegnehmen. Lerne, zu allem, was falsch ist und von dem du weißt, dass es nicht stimmt, »nein« zu sagen.

Eine Frau erzählte mir kürzlich, dass sie an drei Abenden in der Woche für ihren Sohn das Baby hütete und deshalb ihre eigene Familie und ihren Ehemann vernachlässigte. Ihr Sohn und ihre Schwiegertochter kamen gewöhnlich zwischen ein und zwei Uhr morgens nach Hause, meistens betrunken. Sie bedankten sich nicht einmal und zeigten keinerlei Wertschätzung, und doch sagte sie, sie müsse für das Kind sorgen. Ich erklärte ihr, dass es moralisch, ethisch und spirituell gesehen falsch von ihr sei, den Egoismus, das ungehobelte Benehmen und die Pflichtvergessenheit ihres Sohnes zu unterstützen – sie solle erkennen, dass ihr Ehemann und ihre eigene Familie vorgingen. Ich schlug vor, dass sie, wenn sie das nächste Mal gebeten wurde, das Kind zu hüten, entschlossen antwortete: »Nein. Besorgt euch einen Babysitter und bezahlt ihn.« Das tat sie dann auch. Danach brachten ihr Sohn und ihre Schwiegertochter ihr viel mehr Respekt entgegen und nutzten sie nicht länger aus.

Ein Mann hatte ein Buch geschrieben und das Manuskript an mehrere New Yorker Verlage geschickt, es aber immer wieder mit dem Vermerk »Kein Bedarf« zurückbekommen. Ein Verlag hatte, wie der Autor es nannte, ein »Gemetzel« in seinem Manuskript angerichtet, was ihn fuchsteufelswild machte. Er wurde zornig und ärgerte sich gewaltig. Als er begriff, was er sich damit antat, begann er konstruktiv die geistigen Gesetze einzusetzen. Er überlegte sich Folgendes: »Dieses Manuskript enthält eine Menge nützlicher Informationen. Es ist nicht nur gut, sondern sogar sehr gut. Die unendliche Intelligenz wird mir den idealen Verlag offenbaren, der den Inhalt zu schätzen weiß und sich bereit erklärt, es gemäß der Göttlichen Ordnung zu verlegen.« Er lernte, »ja« zum Leben zu sagen.

Schon nach wenigen Wochen schrieb ihm ein Verlag, dass sein Manuskript angenommen sei. Sagt ein Verlag »nein«, musst du das nicht akzeptieren. Du kannst es vollkommen ablehnen und dich darauf verlassen, dass die unendliche Intelligenz in dir, die Gott ist, dir eine Tür öffnen wird, die niemand schließen kann.

Eine Frau erzählte mir vor einiger Zeit, dass es bei einem Telefonat mit ihrer Schwester zu einem Streit gekommen sei. Ihre Schwester beendete das Gespräch mit den Worten »Du blöde Kuh!«. Das machte die Frau sehr wütend, und sie wurde mutlos und trübsinnig und kam, wie sie selbst sagte, nicht mehr so recht auf die Beine. Ich erklärte ihr die Funktionsweise ihres Verstandes und sagte: »Gehen wir also davon aus, dass Ihre Schwester Sie als blöde Kuh beschimpft hat. Fragen Sie sich: Bin ich eine blöde Kuh? Habe ich irgendwelche Eigenschaften dieses Tiers an mir? Antwortet ihr Inneres darauf mit ›nein‹, weshalb sollten Sie sich dann ärgern? Sind Sie zornig und voller Groll, stimmen Sie sich auf dieselbe geistige Frequenz ein wie Ihre Schwester und begeben sich in einen negativen, zerstörerischen Zustand. Es ist Ihnen auch möglich, vollkommen entspannt und unbeschwert zu bleiben. Sie können sich über jede Beschimpfung erheben, mit der man Sie bedenkt. Sie können sich weigern, auch nur irgendetwas, was Ihnen wehtun soll, anzunehmen. Dazu brauchen Sie nur an den geheimen Ort des Allerhöchsten zu wechseln. Stimmen Sie sich auf das Unendliche ein und sprechen Sie zu sich: ›Ich identifiziere mich mit dem Frieden, der Harmonie und der Liebe Gottes, die mich nun durchströmen.‹ Sie können sich weigern, dass irgendein Mensch auf der Welt Sie von dieser uneinnehmbaren Position herunterholt. Ihre Schwester hatte nicht die Macht, Sie zu verletzen, und ihre Worte hatten nicht diese Macht. Die Macht liegt in der Bewegung Ihrer eigenen Gedanken und Ihrer eigenen Gefühle. Sie brauchen Ihre Schwester nur zu segnen, dann können Sie mit Ihrem Leben weitermachen, als wäre nichts geschehen.«

Die Frau betete wie folgt: »Ich vergebe meiner Schwester vollkommen und aus freien Stücken und wünsche ihr alle Segnungen des Lebens. Wann immer ich an meine Schwester denke, sage ich mir: ›Gott sei mit dir.‹«

Nach wenigen Tagen, in denen sie dieses schlichte Gebet angewandt hatte, war sie vollkommen geheilt. Denke daran, niemand außer dir selbst kann dich verletzen. Die Aussagen und Handlungen anderer haben absolut keine Macht über dich. Schmeckt dir die Gurke zu bitter, musst du sie ja nicht essen. Bezeichnet dich jemand als falsche Schlange, kannst du einfach ruhig entgegnen: »Gottes Friede erfüllt deine Seele«, und deiner Wege gehen.

Peter D. Ouspensky, einer der großen Denker des frühen zwanzigsten Jahrhunderts, ein Weggefährte Gurdjiefs und einflussreicher Lehrer für Bewusstseinsentwicklung, pflegte seinen Schülern, wenn sie sich an den Worten, dem Geschwätz und den Handlungen eines anderen störten, immer zu sagen: »Ist etwas Wahres an dem, was er über dich sagt?« Antwortete der Schüler mit »Nein«, fuhr Ouspensky fort: »Weshalb sollte es dich dann stören? Identifiziere dich mit deinem Ziel.« Was ist dein Ziel? Dein Ziel ist es, dich geistig und emotional mit Harmonie, Frieden, Weisheit, Verständnis, Erfolg, rechtem Handeln und Schönheit zu identifizieren. So einfach ist das.

Es gibt eine alte Redewendung: »Wen die Götter vernichten wollen, den strafen sie zuerst mit Wahnsinn«. Kann dich jemand in Wut versetzen oder emotional aufbringen, hat er Macht über dich. Unter dem Einfluss dieser negativen Emotion wirst du bestimmt etwas Dummes und Albernes tun, etwas, das du eigentlich gar nicht tun willst, unter diesem Einfluss aber trotzdem tust. Befindest du dich an deinem geheimen Ort, hast du dich auf das Unendliche eingestimmt, bist du ein unbezwingbares Bollwerk. Niemand kann dich dann einnehmen. Allein in der Stille zu sein heißt, allein mit Gott zu sein.

Ein junger Mann, der das Studium des New Thought aufgenommen hatte, um Geistlicher zu werden, erzählte mir, dass ihm seine Mutter wegen dieser Entscheidung zu Hause immer Szenen machte. Sie weinte in sich hinein und bekam Ohnmachtsanfälle. Sie rief dann aus: »Deinetwegen bekomme ich noch einen Herzanfall, weil du dem Glauben deiner Väter abtrünnig wirst, der einzig wahren Religion. Eines Tages werde ich sterben, und dann wird es dir Leid tun.« An einem solchen Tag bekam sie immer zahlreiche Wutanfälle.

Ich erklärte diesem jungen Mann, dass seine Mutter

ihren Willen durchsetzen und ihm Schuldgefühle einreden wollte, weil er sich ihren Wünschen nicht beugte. Das ist emotionale Erpressung. Ich riet ihm, absolut nicht auf diese Wutanfälle, Tränen und stürmischen Szenen einzugehen; er brauchte nur »nein« zu sagen, was er dann auch tat. Dadurch zeigte er seiner Mutter eine uralte Wahrheit: Die Harmonie des Teils ist die Harmonie des Ganzen, denn das Ganze ist im Teil enthalten und das Teil im Ganzen. So einfach ist das.

Also sagte er zu seiner Mutter: »Mom, diese neue Lehre gibt mir neues Leben, verleiht mir ein inneres Gefühl von Frieden, Klarheit und Gelassenheit, das ich bisher nicht kannte. Sie bereitet mir ein Wohlgefühl und hat mich auf wundersame Weise von einem körperlichen Leiden befreit, an dem ich jahrelang litt. Wenn du mich wirklich liebst, wirst du dich freuen, dass ich Frieden und Harmonie gefunden habe, und mir alles Glück der Welt wünschen.«

Liebe will nicht Besitz ergreifen. Liebe versucht nicht, jemanden nach seinen Wünschen zu formen. Sie versucht auch nicht, dem anderen den Glauben aufzuzwingen, dem man selbst anhängt oder den man sich für diese Person ausgesucht hat. Der junge Mann sagte: »Mom, ich bleibe bei meiner Entscheidung und werde New Thought-Geistlicher. Was mir Frieden und Harmonie bringt, muss notwendigerweise auch dir Frieden und Harmonie bringen.«

Nach mehreren Monaten schrieb sie ihm einen wunderschönen Brief, in dem sie ihm mitteilte, wie dankbar und glücklich sie war, dass er seinen wahren Platz im Leben gefunden hatte, und dass sie ihm alle Segnungen des Lebens wünsche. Wenn du weißt, dass etwas wahr ist, versuch den anderen nicht zu beschwichtigen. Beziehe dich stets auf ewige Prinzipien und weiche um keinen Deut zurück.

Einer unserer Schüler erzählte mir kürzlich, dass er bei jemandem zu Gast war und seine Gastgeberin das Gespräch auf Reinkarnation, Karma und das Leben nach dem Tod brachte. Sie wurde sehr wütend und aufgebracht, weil er mit ihrer Theorie von Reinkarnation und Karma nicht übereinstimmte. Sie sagte, er sehe wohl den Wald vor lauter Bäumen nicht, wenn er nicht erkenne, dass wir immer wiederkämen, um für unsere Sünden und Verbrechen in einem früheren Leben zu büßen. Er sagte zu all diesen Irrtümern auf sehr höfliche Weise »nein« und meinte: »Es steht Ihnen völlig frei, an all diese Dinge zu glauben, und es freut mich, wenn Ihr Glaube Ihnen Trost und Erleichterung bringt. Hoffentlich wollen Sie mir Ihre Überzeugungen nicht aufdrängen, denn ich kann sie nicht akzeptieren, da sie mir widerstreben. Ich erwarte, dass Sie mir die gleiche Freiheit lassen wie ich Ihnen.« Das ist die angemessene Art und Weise, »ja« zur Wahrheit und »nein« zu dem zu sagen, was nicht der Wahrheit entspricht.

Vor einigen Monaten erhielt ich einen sechsseitigen Brief von einer Frau, die mich verleumdete und anprangerte, weil ich behaupte, dass es keine Hölle, keine Vorhölle und auch kein Fegefeuer gibt; dass die einzige Hölle, die es gibt, die ist, die wir in unserem Verstand erschaffen, was natürlich absolut der Wahrheit entspricht.

Sie war die Bibel durchgegangen – das Alte und das Neue Testament – und hatte alle Stellen herausgesucht, die sich auf Satan, den Teufel, den Antichristen und Luzifer bezogen. Als ich den Brief überflog, erkannte ich, dass ich es mit einem kranken Geist zu tun hatte. Ich segnete sie einfach, warf die Nachricht in den Papierkorb und nahm mir den nächsten Brief vor. Wie könnte ein verleumderischer Brief, der nur ein Zettel mit etwas Tinte darauf ist, irgendeine Macht ausüben?

Die einzige Macht, die er ausüben könnte, ist die Macht, die du ihm in deinem Geist verleihst. Mit anderen Worten, die Macht liegt in deiner Reaktion auf ihn. Es steht dir frei zu segnen oder zu verfluchen. Segnen bedeutet, »ja« zum Leben zu sagen und anderen all das zu wünschen, was du dir für dich selbst wünschst; nämlich Harmonie, Gesundheit, Frieden und alle Segnungen des Lebens.

Richter Thomas Troward war ein großer Lehrer in Indien. Bei einem seiner Vorträge in Edinburgh behauptete er, es gebe keinen Teufel. Er sagte, der einzige Teufel sei der falsche Glaube oder die falsche Vorstellung von Gott; der Teufel sei Gott, auf den Kopf gestellt, was natürlich nichts als die lautere Wahrheit ist.

Nach seinem Vortrag wandte sich jemand aus dem Publikum an ihn: »Mr Troward, Sie sagen, es gäbe keinen Teufel. Aber das kann ich nicht recht glauben.« Er lächelte die Frau an und fragte sie: »Wozu soll Ihnen der Teufel dienen? Als Ehemann?« Sie sagte: »Nein.« Er fragte: »Als Nachbar?« Sie sagte: »Nein.« Er fragte: »Für Ihre eigenen Zwecke?« Sie sagte: »Nein.« Dann fragte er rundheraus: »Wozu zum Teufel brauchen Sie ihn dann?«

Du solltest unbedingt über vieles lachen, was dir den Tag über widerfährt. Wenn du nicht wenigstens sechs- bis achtmal am Tag über dich lachst, wirst du niemals spirituell wachsen. Ein Priester soll einmal zu einem Rabbi gesagt haben: »Manchmal glaube ich, Rabbi, ich sehe Jesus Christus in Ihnen.« Der Rabbi entgegnete: »Das in Ihnen, was es Ihnen ermöglicht, in mir Jesus Christus zu sehen, ist das in mir, was in Ihnen den Juden sieht.« Wir sollten erkennen, dass wir alle Kinder des einen Vaters sind. Wir haben alle einen gemeinsamen Vorfahren, das Lebensprinzip. Gott ist das Lebensprinzip in dir. Du bist doch lebendig, nicht wahr? Gott ist Leben.

In der Bibel heißt es: »Haben wir nicht alle denselben Vater?« (Maleachi 2, 10). Außerdem steht dort:

»Das soll euer Gebet sein: Vater!« (Lukas 11, 2). Das bedeutet, dass wir alle aufs Engste miteinander verwandt sind. Im Grunde sind wir alle Geschwister. »Er hat aus einem einzigen Menschen die ganze Menschheit hervorgehen lassen, damit sie die Erde bewohnt« (Apostelgeschichte 17, 26). Durch die Worte »ja« und »nein« fällen wir ein Urteil; wir treffen eine Wahl. Sag »ja« zu der Einheit mit Gott, die der lebendige, allmächtige, himmlische Geist in dir ist. Der himmlische Geist ist ohne Gesicht, Äußeres oder Gestalt – zeitlos, ungeformt, alterslos. Aber er ist in dir.

Sag »ja« zu der großen Wahrheit: »Der Vater und ich sind untrennbar eins« (Johannes 10, 30). Sag »nein« zu allem, was dies leugnen würde. Sag »ja« zu dem folgenden Gebet: »Gott ist, und Seine Gegenwart durchströmt mich als Liebe, Frieden, Harmonie, Freude, Schönheit, Weisheit, Licht, Verständnis, Sicherheit und wahrer Ausdruck. Ich bin ein Brennpunkt des Göttlichen. Alle Eigenschaften und Merkmale Gottes werden durch mich den ganzen Tag lang zum Ausdruck gebracht, und in jedem Augenblick meines Lebens werde ich auf all meinen Wegen gottgleicher. Innig geliebt sind wir, die Töchter und Söhne Gottes. ›Ich habe zu euch gesagt: Ihr seid Götter. Und was in den Heiligen Schriften steht, ist unumstößlich, das wissen wir‹ (Johannes 10, 34–35).«

Wir sind alle Kinder des Allerhöchsten. Erkenne

diese Wahrheit an, und Wunder werden in deinem Leben geschehen. Wiederholst du diese großen Wahrheiten, wirst du eine erstaunliche, wundervolle Persönlichkeit entwickeln. Du wirst Schwingungen aussenden und vom Strahlen des grenzenlosen Lichts durchflutet werden. Spirituelles Bewusstsein bedeutet Leben und Frieden. Wann immer dich Angst oder Sorge überkommt oder du meinst, etwas nicht leisten zu können, werde still und ruhig und besinne dich auf die Oberhoheit des himmlischen Geistes. Erkenne, dass die Unendlichkeit in dir ist, dass Gott grenzenlose Liebe, unendliche Intelligenz, ewiges Leben, großartige Weisheit, absolute Macht und vollkommene Harmonie ist. Nichts kann dieser Gottesgegenwart widerstehen oder sie herausfordern.

Rufst du sie an, antwortet Sie dir. Die unendliche Intelligenz reagiert auf deinen Gedanken. Jeder moderne Wissenschaftler weiß das. Diese Art von Gebet führt zu vollständiger Entspannung und beruhigt deinen Geist. Wenn du in diesem entspannten Zustand bist, besinne dich darauf, was du sein willst, tun willst und haben willst, und der unendliche himmlische Geist in dir wird auf deinen Glauben und deine Zuversicht reagieren.

Denke an die große Wahrheit: Nichts währt ewig. Alles vergeht. Wissenschaftliche Denker verleihen nichts Geschaffenem Macht. Sie wissen, dass der Schöpfer größer ist als ihr Gedanke. Der Künstler ist größer als die Kunst. Auch der spirituell Denkende weiß, dass Materie keine Materie erschaffen kann. Zustände erschaffen keine Zustände. Alles ist der Veränderung und dem Wandel unterworfen. Du widmest alle Ergebenheit und Hingabe dem himmlischen Geist in dir. Sicher weißt du, dass ein himmlischer Geist ohne Gesicht, Äußeres oder Gestalt ist. Er ist zeitlos, ungeformt, alterslos. Noch niemand hat den himmlischen Geist gesehen, aber du kannst den Geist der Freude, Liebe, Begeisterung und Ekstase in dir spüren. Mach nichts Sichtbares zu einem Gott, keine Person, keinen Ort und keinen Gegenstand. Es gibt nur einen Gott – nicht zwei, nicht drei, nicht vier. Nur einen. »ICH BIN der Herr, ich bin der Einzige, außer mir gibt es keinen Gott. Überall auf der ganzen Erde sollen sie erkennen, dass ich allein Gott bin, ich, der Herr, und sonst keiner« (Jesaja 45, 5–6).

Stell dir vor, du gehst an Bord eines Schiffes und sagst zu einem Seemann: »Mir fallen gelbe Flecken um Ihre Augen auf. Sie sehen matt, schwach und blass aus. Ich glaube fast, Ihnen wird gleich schlecht.« Er würde auf deine Bemerkung mit Hohn, vielleicht mit Verachtung reagieren. Er könnte dich sogar für verrückt erklären. Er weiß, dass er immun gegen Seekrankheit ist. Er ist voller Zuversicht und Glauben, dass er auf den wilden Wogen bestehen kann und eine wundervolle Zeit an Bord haben wird.

Deshalb erkenne, dass kein Mensch auf der Welt die Macht hat, dich zu beunruhigen, außer du selbst. Bedingungen, äußere Umstände und Menschen raten dir vielleicht bestimmte Dinge, aber sie können das, was sie dir raten, nicht ins Sein treten lassen. Es ist immer eine Bewegung deines Verstandes, und du kannst sie verfluchen oder segnen. Du kannst sagen: »Gottes Friede erfüllt ihre Seele«, »Gott durchdringt seinen Geist«, »Gott führt mich jetzt«, »In meinem Leben waltet das rechte Handeln.« Du kannst dich immer mit deinem Ziel identifizieren. Lass dich von nichts stören, lass dich von nichts erschrecken, lass dich von nichts beunruhigen, lass dich von nichts ärgern.

Du bist ein Meister. Du bist verantwortlich für dein Reich der Vorstellungen: für deine Gedanken, Gefühle, Emotionen und Reaktionen. Du bist König in deinem Reich der Vorstellungen. Will dich etwas negativ beeinflussen, kannst du sagen: »Gottes Liebe erfüllt meine Seele. Ich befinde mich am geheimen Ort des Allerhöchsten. Der Herr ist mein Hirte, mir wird es an nichts mangeln. Güte und Barmherzigkeit folgen mir alle Tage meines Lebens, denn ich wohne für immer im Haus Gottes.«

Zusammenfassung

1. Du bist verpflichtet, zu all den Ideen, die heilen, segnen, inspirieren und erhöhen, »ja« zu sagen, nur die ewigen Wahrheiten und spirituellen Werte des Lebens zu akzeptieren und diese dann entschlossen in deine Persönlichkeit zu integrieren.

2. Du musst »nein« sagen zu allen Lehren, Ideen, Gedanken, Überzeugungen und Dogmen, die deinen Verstand behindern, eingrenzen und mit Angst erfüllen.

3. Liebe will nicht Besitz ergreifen. Liebe versucht nicht, jemanden nach seinen Wünschen zu formen. Sie versucht auch nicht, dem anderen einen bestimmten Glauben aufzuzwingen.

4. Wenn du weißt, dass etwas wahr ist, versuch den anderen nicht zu beschwichtigen. Beziehe dich stets auf ewige Prinzipien. Weiche kein Stück zurück.

5. Niemand kann dich verfluchen oder Macht über dich ausüben. Die einzige Macht, die er ausüben könnte, ist die Macht, die du ihm in deinem Geist

verleihst. Mit anderen Worten, die Macht liegt in deiner Reaktion auf ihn. Es steht dir frei zu segnen oder zu verfluchen. Segnen bedeutet, »ja« zum Leben zu sagen und anderen all das zu wünschen, was du dir für dich selbst wünschst; nämlich Harmonie, Gesundheit, Frieden und alle Segnungen des Lebens.

6. Wir alle sind Kinder des Allerhöchsten. Erkenne diese Wahrheit an, und Wunder werden in deinem Leben geschehen. Wiederholst du diese großen Wahrheiten, wirst du eine erstaunliche, wundervolle Persönlichkeit entwickeln. Du wirst Schwingungen aussenden und vom Strahlen des grenzenlosen Lichts durchflutet werden. Spirituelles Bewusstsein bedeutet Leben und Frieden. Wann immer dich Angst oder Sorge überkommt oder du meinst, etwas nicht leisten zu können, werde still und ruhig und besinne dich auf die Oberhoheit des himmlischen Geistes. Erkenne, dass die Unendlichkeit in dir ist, dass Gott grenzenlose Liebe, unendliche Intelligenz, unendliches Leben, großartige Weisheit, absolute Macht und vollkommene Harmonie ist. Nichts kann dieser Gottesgegenwart widerstehen oder sie herausfordern.

7. Vergiss niemals: Du bist der Meister deiner Seele. Du bist verantwortlich für dein Reich der Vorstellungen; für deine Gedanken, Gefühle, Emotionen und Reaktionen. Du bist König in deinem Reich der Vorstellungen.

5. Kapitel

Vom Umgang mit der Ungerechtigkeit

Es besteht kein Zweifel daran, dass es in der Welt ungerecht zugeht. Das Leben ist nicht immer gerecht, und wir müssen lernen, das zu verstehen und damit umzugehen. Ich bin schon oft gefragt worden, wie wir an einen Gott glauben können, der Ungerechtigkeit zulässt und Übeltäter scheinbar belohnt und gute Menschen bestraft. Die Wege des Ewigen sind unergründlich, und oft mag das, was anfangs ungerecht erscheint, auf lange Sicht eine Gnade sein. Manche Geistliche erzählen den Menschen zum Trost, dass sie ihren Lohn im Himmel bekommen. Vielleicht ist das so, aber es ist eine natürliche Sehnsucht, sich an dem Leben erfreuen zu wollen, das wir hier und jetzt führen. Oft hat man sein Unglück durch die Negativität, die man sich ins Unterbewusstsein einprägte, selbst herbeigeführt.

Das Gesetz des Unterbewusstseins ist zu allen Zeiten unpersönlich und erstaunlich gerecht. Dein Unterbewusstsein akzeptiert den Eindruck deiner Gedanken und reagiert entsprechend. Was du säst, das erntest du.

Pflanzt du Orchideen, wirst du Orchideen ernten. Jede Saat wächst nach ihrer Art. Die Saat sind deine Gedanken. Du bist das, was du den Tag über denkst. Was du empfindest, das ziehst du an, und was du dir vorstellst, das wirst du. So lautet das Gesetz des Geistes. Und das Gesetz ist absolut gerecht. Du kannst nicht Böses denken und Gutes erwarten.

Vornehmlich deine geistige Einstellung, die in dir ihre Wirkung entfaltet, und nicht so sehr der Einfluss von außen bewirkte den Unterschied zwischen Erfolg und Scheitern. Das Gesetz ist absolut gerecht und mathematisch exakt. Deine Erlebnisse sind die genaue Wiedergabe deiner gewohnheitsmäßigen Gedanken und Vorstellungen.

Du kannst dich über das Massenbewusstsein, menschliche Grausamkeit und Habgier erheben, wenn du dich auf das Prinzip rechten Handelns und absoluter Gerechtigkeit in dir ausrichtest. Gerechtigkeit entsteht in deinem Verstand. Such nicht in der Welt danach; dort gibt es sie nicht. Gott ist absolute Gerechtigkeit, vollkommene Harmonie, umfassender Segen, grenzenlose Liebe und äußerste Freude, absolute Ordnung, unbeschreibliche Schönheit, größte Weisheit und höchste Macht. Und Gott ist auch der himmlische Geist in dir. Gott ist das Lebensprinzip. Suche nicht länger nach Ihm. Er ist allgegenwärtig. Und wenn Er allgegenwärtig ist, muss Er auch in dir sein. Das sagt dir der gesunde Menschenverstand. All diese Eigenschaften, Qualitäten und Merkmale des Unendlichen sind in dir. Versenkst du dich in diese Qualitäten und denkst über die Wahrheiten des Unendlichen nach, erhebst du dich über die Ungerechtigkeiten und Grausamkeiten der Welt und entwickelst eine Überzeugung, die allen falschen Glaubensätzen und irrtümlichen Vorstellungen entgegensteht. Mit anderen Worten, du entwickelst eine göttliche Immunität, eine Art spirituellen Antikörper gegen das Massenbewusstsein. Das Massenbewusstsein ist das Denken der über sechs Milliarden Menschen auf der Welt; und du kannst mir nicht erzählen, dass all ihre Gedanken liebevoll, edel und gottgleich sind. Das ist absurd.

Als mich Joseph T. um ein Gespräch bat, war er zornig, aufgebracht und verbittert über die Firma, für die er arbeitete. Während der letzten beiden Jahre war er bei den Beförderungen zweimal übergangen worden. Er sagte mir, er habe durch seine gute Arbeit, tadellose Mitarbeit und die Einhaltung der Politik und Handlungsweisen der Firma eine Beförderung verdient.

»Ich habe immer gute Beurteilungen bekommen, und nicht einmal – nicht ein einziges Mal – habe ich einen Verweis erhalten. Als ich meinen Chef fragte, weshalb ich nicht befördert werde, sagte er nur, dass ich zwar gute Arbeit leiste, die Person, die befördert wurde, für die höhere Position aber besser geeignet sei. Am liebsten würde ich alles hinschmeißen, aber Jobs sind rar, und ich kann es mir nicht leisten, arbeitslos zu werden.«

Ich erklärte diesem Mann: »Sie sind aufgebracht und zornig und bringen der Organisation, die Sie beschäftigt, viel Missbilligung und Kritik entgegen. Diese negativen Suggestionen dringen in das Unterbewusstsein der Verantwortlichen ein und haben dazu geführt, dass Sie nicht befördert wurden, keine Gehaltserhöhung bekamen und ihren Ruf einbüßten. Wir befördern uns selbst. Jeder von uns erhört sein Gebet selbst. Egal, was Sie Ihrem Unterbewusstsein oder Glauben einprägen, Ihr Unterbewusstsein wird es zum Ausdruck bringen. Was immer Sie in Ihrem Bewusstsein wirklich glauben, wird von Ihrem Unterbewusstsein in Szene gesetzt und aufgeführt, ob es nun gut oder schlecht ist.«

Ich gab ihm die folgende mentale und spirituelle Formel, damit er sie täglich übte: »Ich weiß, dass die geistigen Gesetze vollkommen gerecht sind und dass alles, was ich meinem Unterbewusstsein einpräge, exakt auf meine physische Welt und meine Lebensumstände projiziert wird. Ich weiß, dass ich ein geistiges Prinzip anwende, und ein Prinzip ist absolut unpersönlich. Vor dem geistigen Gesetz sind alle gleich; das heißt, mein wahrer Glaube entscheidet, was mir widerfährt.«

Ich riet Joseph, diese Formel jeden Morgen und jeden Abend aufzusagen. Ich schlug vor, seinen Geist abends, bevor er die Augen schloss, auf positive Gedanken auszurichten. »Denken Sie an das, was Sie alles zu Ihrem Job und zu Ihrer Familie beigetragen und was Sie an gesellschaftlichen und religiösen Aktivitäten geleistet haben. Versenken Sie sich in die Komplimente, die Sie von Ihrem Chef, Ihren Kollegen, Ihrer Frau und Ihren Kindern bekommen haben. Ihre Träume werden diesen Gedanken folgen, und sie werden Ihr Unterbewusstsein auf Erfolg und Glückseligkeit programmieren.«

Einige Monate später berichtete mir Joseph, dass er zum Leiter einer neuen Abteilung ernannt worden war. Er sagte: »Ich habe Ihre Anweisungen befolgt, und dadurch hat sich nicht nur meine Einstellung geändert, es hat sich auch ein Strom von Kreativität in mir entfesselt, von dem ich gar nicht wusste, dass er in mir schlummerte. Bei meiner Beförderung sagte mein Chef, er habe mich ausgewählt, weil die neuen Ideen und Vorschläge, die ich eingebracht habe, bewiesen hätten, dass ich nicht nur ein guter Arbeiter, sondern auch ein Macher bin, der den Herausforderungen dieser neuen Position gewachsen ist.«

Vor einigen Jahren begegnete ich einer wohlhabenden Menschenfreundin. Sie erzählte mir, dass Geld und Reichtum ihrer Philosophie nach wie die Luft um uns herum seien. »Ich stamme aus einer Familie, die in bescheidenen Verhältnissen lebte, hatte aber immer den Eindruck, reich zu sein. Immerhin bin ich Gottes Tochter. Gott gab mir alles im Überfluss, damit ich mich daran erfreue.« Sie heiratete einen jungen Kaufmann, und gemeinsam bauten sie ein erfolgreiches Einzelhandelsgeschäft auf, das sie zu einer Kette erweiterten. Nach dem Tod ihres Mannes verkaufte sie diese Kette für einige Millionen Dollar und verbrachte die letzten Jahre damit, Stipendien für Hochschulen zu vergeben und in Entwicklungsländern überall auf der Welt Krankenhäuser und Kliniken einzurichten. Als ich sie nach dem Geheimnis ihres Erfolges fragte, meinte sie: »Schon als ich noch wenig Geld hatte, sagte ich zu mir, ICH BIN reich, und ich werde mit meinem Geld Gutes tun.«

Du weißt, ein wichtiges geistiges Gesetz lautet: Was immer du an ICH BIN anhängst, das wirst du sein. Wenn du beispielsweise sagst: »Ich bin nicht gut; ich bin ein Taugenichts; ich bin ein Versager; ich bin schon alt; ich bin niemandem mehr eine Hilfe« – so wird das Gesagte wahr werden. Deshalb solltest du vielmehr sagen: »Ich bin stark; ich bin mächtig; ich bin liebevoll; ich bin freundlich; ich bin inspiriert; ich bin erleuchtet; ich bin in Harmonie mit allem; ich bin unermesslich reich; und ich bin froh, das tun zu dürfen, was mir Freude bereitet, im Glanz Gottes und göttlich geführt.« Was immer du an ICH BIN anhängst, das wirst du sein. Deshalb solltest du besser aufpassen, was du sagst.

Viele Menschen, die in armen Verhältnissen leben, sind neidisch und verärgert über den Wohlstand ihrer Nachbarn. Diese geistige Einstellung führt in ihrem Leben zu noch mehr Mangel, Begrenzung und Armut. Vermutlich stehen sie ihrem Wohl, ohne es zu wissen, selbst im Weg. Dabei könnten sie Reichtum erfahren, wenn sie ihr Bewusstsein auf die Wahrheit des Seins ausrichten und erkennen würden, dass auch sie den Schlüssel für die Schatztruhe in ihrem Inneren besitzen.

Kurz nachdem einer meiner Vorträge über den Sender gegangen war, bekam ich einen Anruf von einem Hörer. Er sagte: »Ich habe Sie gerade reden gehört und bin nicht Ihrer Meinung. Sie sagten, wenn ich akzeptiere, dass Gott in mir wohnt, würde mir Gutes widerfahren. Ich war immer sehr religiös, gehe regelmäßig zur Kirche, bete jeden Tag und habe doch nichts als Not und Elend erlebt. Vor etwa einem Jahr verließen meine Frau und ich unsere Heimatgemeinde und zogen nach Oregon, um ein neues Leben zu beginnen. Ich bekam einen Job als Versicherungsvertreter, habe darin aber wenig Erfolg. Ich lebe in einer armen ländlichen Gegend. Die Farmer und kleinen Ladenbesitzer haben wenig Geld, und ich kann kaum unseren Lebensunterhalt bestreiten. Meine Frau ist schwanger, und wenn ich das Ruder nicht herumreißen kann, werden wir gezwungen sein, in unsere alte Gemeinde zurückzukehren und uns auf die Hilfe unserer Eltern zu verlassen. Ich will auf eigenen Füßen stehen. Weshalb wirken meine Gebete nicht?«

Ich schlug vor, dass er es mit folgendem Gebet versuchen sollte: »Wo ich bin, ist Gott. Gott wohnt in mir, und Gott braucht mich da, wo ich bin; sonst wäre ich nicht hier. Diese göttliche Gegenwart in mir ist die unendliche Intelligenz. Sie weiß alles und sieht alles. Sie ist das ewig Lebende, die Weisheit, das Allwissende, das Selbsterneuernde. Sie ist das Lebensprinzip in mir und offenbart mir den nächsten Schritt bei der Erschließung der Schätze des Lebens. Ich danke für die Antwort, die mich als intuitives Gefühl oder Idee erreicht, die spontan in meinem Bewusstsein aufsteigt.«

Er befolgte meinen Rat und fühlte sich jeden Morgen beim Aufwachen stärker und zuversichtlicher. Als er erkannte, dass er wenig Aussichten hatte, sein Einkommen durch den Verkauf von Lebensversicherungen zu erhöhen, kam er auf den Gedanken, aus einem seiner Hobbys – der Fotografie – Kapital zu schlagen. Er kaufte sich eine Kamera und machte Fotos der wunderschönen Berge und Täler von Oregon. Er verkaufte die Fotos an Reisemagazine. Zu den Fotos schrieb er eine Begleitbroschüre über diese herrlichen Landschaften und schickte sie an Reiseveranstalter. Er gründete ein

Touristikunternehmen, das ihm ein kleines Vermögen einbrachte. Dieser Mann machte sein Glück, indem er die Schatztruhe in sich aufsperrte. Er stellte fest, dass sein Glück genau dort war, wo er selber sich befand.

Diane S. arbeitete im Bereich der Umwelttechnik. Von Kindheit an faszinierte sie die Natur, und sie hatte ihr Leben der Rettung der Umwelt verschrieben. Sie hatte einen Doktorgrad auf ihrem Gebiet und forschte für den Sierra Club nach Möglichkeiten, natürliche Rohstoffe zu erhalten. Wie in den meisten Branchen, die nicht gewinnorientiert arbeiten, war ihr Einkommen eher bescheiden. Ihre Schwester hingegen hatte keine große Ausbildung genossen, arbeitete als Tanzmädchen in einer Las Vegas Show und verdiente viermal so viel.

Diane fand: »Es ist alles so ungerecht. Wir müssen das System ändern. Ich habe schwer gearbeitet und mich sechs Jahre lang geplagt, um meinen Doktor zu machen, und meine Schwester hat nicht mal den Highschool-Abschluss.« Ich erklärte Diane, dass sie sich über das Massenbewusstsein erheben müsse – den Verstand, der vom Standpunkt der äußeren Umstände, Bedingungen und Traditionen aus denkt.

Auf meinen Vorschlag hin begann sie mit einer Bejahung, die sie vor dem Spiegel ausführte: »Der Reichtum ist mein. Der Erfolg ist mein. Auch das Glück ist jetzt mein.«

Sie traf diese Aussagen jeden Morgen etwa fünf Minuten lang in dem Wissen, dass diese Vorstellungen in ihr Unterbewusstsein eindringen würden. Sie wusste, was sie tat und weshalb sie es tat. Sie begriff, dass sie eine Gärtnerin war, die eine Saat ausbrachte. Jede Saat wächst nach ihrer Art. Wenn du sie ausbringst, wässerst und gut düngst, beschleunigt das ihr Wachstum. Aber du kannst ihr Wachstum nicht erzwingen.

Das war ihr bewusst. Irgendwann hatte sie den Eindruck, alle Bedingungen wären erfüllt, und am Ende des ersten Monats übertrug der Sierra Club ihr eine wichtigere Aufgabe zu einem höheren Gehalt. Außerdem begann sie Artikel über Umweltfragen zu schreiben, die sie an Zeitschriften verkaufte, und bald darauf schloss sie mit einem großen Verlag einen Vertrag über ein Buch ab.

Millionen leiden unter Ungerechtigkeit. Journalisten schreiben heutzutage über Verfolgungen und Völkermorde auf der ganzen Welt. Die Machtgier eines Diktators oder Tyrannen kann Hunderttausende oder sogar Millionen von Menschen ins Unglück stürzen. Das alles ist schockierend, aber Diktatoren, Despoten und Tyrannen sind nichts Neues. Es gab sie schon immer. Es gibt sie noch heute. Die Nachahmer Neros oder Iwans des Schrecklichen, die Verherrlicher Hitlers, Stalins und Dschingis Khans sind nach wie vor aktiv. Es gibt sie auf der ganzen Welt. Der Befehl eines Generals kann Tausende, Hunderttausende oder Millionen von Menschen in tiefstes Elend stürzen.

Die Welt ist voller Grausamkeiten und Ungerechtigkeiten zu Hause, in Fabriken, Büros, Gefängnissen und überall. Ein mir bekannter Arzt, der seit sieben Jahren Krebsforschung betrieb und die Mechanismen der Krankheit zu verstehen versuchte, damit ein Heilmittel gefunden werden konnte, verdiente weniger als sein Bruder, ein Fernfahrer. Das erscheint einem nicht sehr gerecht. Meinen Bekannten machte das auch entsprechend zornig. Aber diese Ungleichheiten und Ungerechtigkeiten gibt es überall.

Die Mütter dieser Welt leisten Schwerstarbeit. Sie sind in keiner Gewerkschaft organisiert. Sie beziehen keine Garantielöhne, und oft danken ihre Kinder ihnen ihre Mühen kein bisschen. Meiner Erfahrung nach werden sie mitunter nicht einmal zu den Hochzeiten ihrer Kinder eingeladen. Bei Besuchen in Altersheimen höre ich immer wieder die Klage: »Meine Kinder besuchen mich nie.«

Gerechtigkeit ist eine Geisteshaltung. Dazu musst du mit den spirituellen Gesetzen vertraut sein. Erst dann bist du in der Lage, Gerechtigkeit herbeizuführen. Gerechtigkeit bedeutet *gerechte* Behandlung. Personifizierte Gerechtigkeit wird gewöhnlich als Göttin dargestellt, die ein Schwert oder eine Waagschale hält, oft beides. Manchmal trägt sie auch eine Augenbinde, oder ihre Augen sind als Zeichen der Unbestechlichkeit geschlossen. Gerechtigkeit beruht auf Rechtschaffenheit – rechtes Denken, rechtes Fühlen, rechtes Handeln. Sie beruht auf der goldenen Regel oder dem Gesetz der Liebe. Sie will austarieren und ins Gleichgewicht bringen.

Millionen auf der ganzen Welt sehnen sich nach Frieden, Harmonie, Gesundheit, Fülle, Sicherheit und Liebe. Willst du Sicherheit, Frieden und Freude finden, musst du dich auf das Unendliche einstimmen und verkünden: »Der unendliche himmlische Geist durchströmt mich als Liebe, Frieden, Stärke, Führung, Harmonie, Schönheit und Inspiration.« Das ist das Brot des Lebens. Es ist unsichtbar und ungreifbar, aber es ist echte Nahrung. »Fröhlichkeit ist gut für die Gesundheit, Müdigkeit raubt einem die letzte Kraft« (Sprichwörter 17, 22).

Dieses Brot ist natürlich nicht das Brot auf dem Tisch. Es ist das Brot von Frieden, Harmonie, rechtem Handeln, Schönheit, Stärke und Mut. Wie kann man ohne Inspiration leben? Ohne Liebe? Ohne Führung? Ohne inneren Frieden?

»Gib uns, was wir heute zum Leben brauchen«, lautet ein Gebet (Matthäus 6, 11). Im Grunde bedeutet das: Gib uns, was von Rechts wegen uns gehört. Gib uns, was uns zusteht. Gott ist der Schenkende und das Geschenk. Gott ist der lebendige himmlische Geist in dir. Das Geschenk wurde uns überreicht. Folglich müssen wir lernen, Empfangende zu sein, denn alles ist bereit, wenn der Verstand bereit ist.

Betest du um Luft, Sonnenlicht oder Wasser? Nimm dir alle Luft, die du willst. Wen stört es? Sie war schon immer da. Sie war da, bevor du zur Welt kamst. In den Tropen, sagen die Wissenschaftler, verrottet genug Obst, um die gesamte Menschheit zu ernähren. Natur ist Fülle, Extravaganz und Überfluss. Sie ist unerschöpflich. Du kannst alle Energie, die du benötigst, aus Wasserstoff beziehen. Er ist im Wasser enthalten. An Wasser herrscht kein Mangel. Im Universum gibt es immer die gleiche Menge Wasser.

Du hast es mit dem Unendlichen zu tun. Geist und Materie sind eins. Materie ist die niedrigste Stufe des Geistes und der Geist die höchste Stufe der Materie. Der unendliche himmlische Geist erschuf das Universum. Die unendliche Intelligenz ist in uns. Vielleicht haben wir eine Idee, die ein Vermögen wert ist. Vielleicht haben wir eine Idee und bringen damit Millionen von Menschen in Lohn und Brot. Vielleicht entwickeln wir neue Vorstellungen über Energie oder das Transportwesen. Wir können all diese wundervollen Dinge ins Sein rufen, weil das Unendliche in uns sie uns offenbart.

Du musst auf dem bestehen, was wahr ist: auf rechtem Denken, rechtem Fühlen, rechtem Handeln und den großen Gesetzen des Lebens. Du musst darauf bestehen, recht zu handeln in Bezug auf das, was angenehm, edel und gottgleich ist. Halte daran fest, und alles Gute wird dir gehören.

Das Gesetz ist unpersönlich und neutral. Das trifft auf jedes Gesetz zu. Auch das Gesetz deines Unterbewusstseins funktioniert so. Was immer du dir einprägst, findet seinen Ausdruck in deinem Unterbewusstsein. Moral hängt davon ab, wie du das Gesetz anwendest. Auch Mörder können eine Saat ausbringen und Orchideen pflanzen, und die Orchideen werden für sie wachsen. Sie können auch ein Flugzeug steuern, wenn sie in die Gesetze der Navigation eingeführt werden. Das Gesetz reagiert auf den Heiligen genauso wie auf den Halsabschneider. Deine Gedanken tragen den Lohn in sich. Nutze einen anderen nie aus oder verletze ihn. Du würdest dich selbst verletzen, denn bei allem, was du über den anderen denkst, darfst du nie vergessen, dass du der Denker bist und alles in deinem Verstand erschaffst, in deinem Körper und im Rahmen deiner persönlichen Umstände.

Du findest auf der Welt nicht immer Gerechtigkeit vor. Diese Erwartung wäre zweifellos Irrsinn. Aber im Königreich des Himmels herrscht Gerechtigkeit, und das Königreich des Himmels ist in dir. Der Himmel ist dein Geist, und bist du im Frieden mit dir, so bist du König über dein Reich der Vorstellungen. Du bist der

Herr über deine Gedanken, Gefühle, Aktionen und Reaktionen; der Herrscher über deinen Geist.

Dein innerer Glaube und deine Überzeugungen werden sich in der äußeren Welt manifestieren. Alles, was zu dir gehört, ist die mathematische Repräsentation deiner inneren geistigen Befindlichkeit. Das Innere hält das Äußere im Gleichgewicht.

Durch das Wissen des Allmächtigen ergibt sich eine harmonische göttliche Lösung. Halte dich an die Wahrheit. Steigt Angst auf, so sage: »Das ist Gottes Wirken«, was Harmonie und Frieden allerorten bedeutet. Gott ist das Lebensprinzip in dir, das sich in Schönheit, Harmonie, Liebe und Frieden ausdrückt. Er ist der lebendige, allmächtige, himmlische Geist. Er ist ohne Gesicht, Äußeres oder Gestalt. Wissenschaftler nennen das Energie.

Energie ist der Begriff, den die Wissenschaft für den lebendigen himmlischen Geist benutzt. Sie bewegt sich als Einheit, bewegt sich in Harmonie. In ihr gibt es keine Uneinigkeit und keinen Streit. Dem Unendlichen kann man nichts entgegensetzen. Das Unendliche kann man nicht dividieren oder multiplizieren. Diese Erwartung wäre zweifellos Irrsinn. Es gibt nur eine Macht – nicht zwei, nicht drei oder tausend – nur eine. Es gibt nur eine Macht, die sich als Einheit in Harmonie bewegt. Die Allmacht ist absolut, man kann ihr nichts entgegenhalten.

Wenn du also sagst: »Gottes Wirken«, so bedeutet das Harmonie und Frieden allerorten. Halte dich an diese Wahrheit, und der Tag wird anbrechen und alle Schatten vertreiben.

Bestehe auf rechtem Handeln und Harmonie. Es ist falsch, die Habgier oder Neurose eines oder einer anderen zu unterstützen. Bestehe auf dem göttlichen Gesetz und der göttlichen Ordnung in deinem Leben. Bestehe auf Ganzheit und Schönheit. Bestehe auf göttlicher Liebe, denn Gott gab dir alles in reichem Maße, damit du dich daran erfreust. Gott hat dich reich beschenkt.

Deshalb schenke dem Spirituellen deine Aufmerksamkeit. Tu das voller Gefühl und intensiv und im Wissen um dein Handeln, dann triumphierst du. Viele Menschen mit Krebs verwenden zum Beispiel das Medikament Latrille. Weil die amerikanische Regierung dieses Medikament verboten hat, reisen sie nach Mexiko, um es sich dort zu besorgen. Man hat diesen Krebspatienten erzählt, sie wären unheilbar, es sei hoffnungslos und dass sie so oder so stürben. Sie hätten keine Chance mehr. Nun, wenn diese Menschen glauben, dass Latrille ihnen helfen kann, weshalb lässt man es sie dann nicht versuchen? Diese Ungerechtigkeiten und Ungleichheiten nehmen überhand. Man sagt dir: »Du wirst sterben, aber du musst so sterben, wie wir es wollen.«

Wenn du nach Tijuana hinunterfahren und dir ein paar Injektionen geben lassen willst, warum nicht? Ich kenne Menschen, die behaupten, dass sie durch diese Latrille-Injektionen vollständig von Krebs geheilt wurden. Nun, wenn sie es glauben, führt das zu Resultaten. Dein Unterbewusstsein reagiert auf deinen Glauben, selbst wenn es ein blinder Glaube ist. Deshalb ergibt es für mich Sinn. Fahre nach Tijuana hinunter.

Wir sprechen hier von Freiheit. Aller Wahrscheinlichkeit nach ist Latrille harmlos. Es ist der aktive Bestandteil von Aprikosen. Wenn das so ist, warum sollten freie Menschen das Medikament dann nicht nehmen dürfen?

Wenn du gemein zu dir bist und dich selbst verurteilst, wirst du von anderen schlecht behandelt, und wenn du dich für einen Fußabtreter hältst, wird jeder auf dir herumtrampeln.

Preise Gott in deiner Mitte, den mächtigen Heiler. Du bist eine Tochter des Unendlichen, du bist ein Sohn des lebendigen Gottes. Deshalb sei dir auch deiner Würde als Kind des lebendigen Gottes bewusst. Die Reichen werden immer reicher und die Armen immer ärmer. Es liegt am Gesetz des Geistes. Das Gesetz ist logisch, ungemein anständig und vollkommen gerecht. Was wir säen, das ernten wir. Für manche ist Reichtum wie die Luft, die sie atmen. Sie haben Ideen. Sie sagen: »Die unendliche Intelligenz offenbart mir neue Ideen, die schöpferisch sind und ein Segen für die Menschen.« Ihnen fallen neue Ideen zu.

Viele Menschen sind aus fremden Ländern nach Amerika gekommen. Sie hatten nur ihre Kleidung am Leib – aber sie hatten Ideen. Sie haben hart studiert; sie haben Englisch gelernt. Sie beschäftigen jetzt Tausende und Abertausende von Menschen. Sie sind die Erfolgsleiter hinaufgestiegen. Sie hatten etwas zu geben. Das Gesetz gleicht alles aus. Das Gesetz ist unveränderlich.

Ein Mann aus Los Angeles befürchtete, sein Haus zu verlieren. Er sagte sich: »Oh nein, ich werde es verlieren«, und stellte sich den Verlust bildlich vor. Er sagte sich: »Ich kann das Geld nicht aufbringen. Meine Verwandten haben mich abgewiesen. Die Banken werden es mir nicht geben.« Er begann an Mangel, Verlust und Begrenzung zu denken. Und natürlich verlor er sein Haus. Sein Inneres stellte das Gleichgewicht mit dem Äußeren her. Man kann nicht an Mangel, Verlust und Begrenzung denken und Wohlstand und Erfolg erwarten. Dann wäre das Gesetz nicht gerecht.

Das Gesetz ist absolut gerecht. Das Innen herrscht über das Außen. Innen und Außen gleichen sich aus. »Deshalb soll ihm nach seinem Glauben geschehen; denn wer viel hat, dem wird noch mehr gegeben werden; denn wer ein Bewusstsein von Reichtum hat, der glaubt an einen Gott des Überflusses.« Sprich: »Gott ist die Quelle meiner Versorgung. In jedem Augenblick und an jedem Ort im Raum ist für alle meine Bedürfnisse gesorgt.« Solche Menschen ziehen Reichtümer aller Art an: spirituelle und geistige, materielle und finanzielle. Ja, sie haben ein Bewusstsein für Überfluss. Für sie ist Reichtum wie die Luft zum Atmen.

Gesegnet seien die Armen, denn sie sind offen und empfänglich. Sie erwarten Großes. Ist dein Geist verschlossen, kann ich dir nichts beibringen. In einen vollen Becher kann ich nichts mehr gießen. Viele Menschen sind so. Sie sagen: »Ich weiß das alles schon. Du kannst mir nichts mehr beibringen.« Sie blicken auf dich herab. Sie halten es für ein Unglück, dass du nicht dem Kult oder Glauben oder sonst etwas anhängst, von dem *sie* überzeugt sind.

Aber Religion kommt aus dem Herzen. Es hat nichts mit Lippenbekenntnissen zu tun. Deine Religion ist das, was dich bindet. Sie ist deine emotionale Parteinahme; was du in deinem Herzen denkst, wird sich manifestieren, nicht das, was du auf den Lippen trägst.

Millionen sind von Angst gefesselt. Das, was dich bindet, ist deine Religion. Wir sollten uns wieder auf einen Gott der Liebe besinnen. Das sollte unsere wahre Religion sein: ein Gott der Liebe in unserem Herzen, der uns führt und anleitet, unser Chef, unser Führer, unser Problemlöser, unser Schlichter. Hast du in dir einen solchen Chef, hast du einen Gott der Liebe. Das ist wahre Religion. »Ihre Wege werden Wege der Heiterkeit und ihre Pfade werden Pfade des Friedens sein« (Sprichwörter 3, 17).

Weißt du nicht, dass die Religion von Millionen Menschen auf der Welt schlichte Unwissenheit ist? Buddha sagte schon vor Tausenden von Jahren, dass die einzige Sünde Unwissenheit sei und alles Elend und Leid auf der Welt einzig und allein daraus erwachse. Nun stell dir vor, Unwissenheit beherrscht unseren Verstand. Ist das nicht eine schreckliche Vorstellung? Ja, sie beherrscht den Verstand von Millionen. Und auch der Aberglaube beherrscht den Verstand von Millionen.

Also beherrscht dich die vorherrschende Idee. Sie beherrscht all deine geringeren Gedanken, Gefühle, Aktionen und Reaktionen. Wir sprechen hier von den Gesetzen des Geistes. Und die Gesetze des Geistes kannst du nicht ändern. Sollten wir nun deshalb von der Wiege bis zur Bahre für diese unwissenden Menschen sorgen? Nein. Du würdest sie bevormunden. Du würdest ihnen ihre Göttlichkeit nehmen. Wir sind zur Selbstfindung hier. Wir sind hier, um Fehler zu machen. Als du zur Schule gingst, prangte ein Radiergummi am Ende deines Bleistifts. Man erwartete, dass du Fehler machst. Durch Fehler lernst du, wie man addiert, subtrahiert, dividiert. Du kannst auch in menschlicher Hinsicht Fehler machen. Du lernst daraus.

Umsorgt man die Unwissenden von der Wiege bis

zur Bahre, tötet das ihr Denken ab. Sie finden sich niemals selbst. Du beraubst sie dann ihrer Göttlichkeit. Das ist falsch. Du sagst zu ihnen: »Ich sorge schon dafür, dass du nichts lernst; dass du nicht erfährst, wer du bist.« Aber sie sind Kinder des lebendigen Gottes, Erben von allem, was ist. Sie sind hier, um zu lernen. Enthalte ihnen das nicht vor.

Gerechtigkeit gleicht alles aus. Erkenne die Wahrheit; die Wahrheit wird dich befreien. Was ist die Wahrheit? ICH BIN ist die Wahrheit. ICH BIN bedeutet Sein, Leben, Gewahrsein. Es ist ein namenloser Name. Sagst du ICH BIN, verkündest du die Gegenwart des lebendigen Gottes. In Indien nennen sie es *Om,* und auch das bedeutet Sein, Leben, Gewahrsein.

Eine Frau betete um Weiterkommen und Beförderung, aber sie konnte ihre Abteilungsleiterin nicht ausstehen und sagte zu sich: »Diese Abteilungsleiterin steht meinem Weiterkommen im Weg.« Ich erklärte ihr, dass sie ungerecht zu sich selbst sei, wenn sie diese Frau auf ein Podest stelle und sie größer mache als das Unendliche in ihr. Diese Einstellung ergab keinen Sinn. Ihr Wunsch nach Beförderung, Ausdehnung und Wachstum entstammt dem Lebensprinzip in ihr, und der Unendliche kann nach göttlichem Gesetz und göttlicher Ordnung Beförderung, Ausdehnung, rechtes Handeln und alles, was man will, herbeiführen. Sie jedoch leugnete die Macht des Unendlichen, der allmächtig ist, und behauptete, die Abteilungsleiterin sei größer als das Unendliche. Das ist doch absurd, oder nicht?

Die Frau glich ihren Fehler wieder aus, indem sie bejahte: »Das Weiterkommen ist mir sicher; die Beförderung ist mir sicher; der Erfolg ist mir durch die Macht des Unendlichen nach göttlichem Gesetz und göttlicher Ordnung sicher.« Sie führte einen geistigen Ausgleich herbei, und nach dem Ausgleich in deinem Geist wird dir widerfahren.

So etwas wie eine kostenlose Mahlzeit gibt es im Universum nicht. Im Universum muss man für alles bezahlen. Willst du ein großer Schauspieler oder ein großer Sänger werden, musst du in dich hineinlauschen; und hast du das Talent zum Sänger, kannst du sagen: »Gott singt durch mich in erhabenen Kadenzen. Ich singe Triumphlieder durch die Macht des Allmächtigen.« Du stellst dir vor, auf wundervolle, herrliche Weise zu singen, die Seelen deiner Zuhörer anzurühren, sie mit Frieden, Harmonie und Liebe zu erfüllen, sie zu Freude und Glückseligkeit zu erheben. Wenn du das beibehältst, führst du einen geistigen Ausgleich herbei. Liebst du Musik, musst du Tonleitern studieren, Symphonien und all das. Du musst in die Musik eintauchen und sie zum Ausdruck bringen. Du musst ihr Aufmerksamkeit schenken. Du musst üben, üben und nochmals üben. Du musst in deiner Seele den geistigen Ausgleich für die Musik herbeiführen, damit du das *Prélude* von Rachmaninow, dem gefeiertsten Pianisten unserer Zeit, mit verbundenen Augen spielen kannst. Weshalb? So prägst du dein Talent und Wissen deinem Unterbewusstsein ein.

Genauso musst du, wenn du im Leben erfolgreich und wohlhabend sein willst, auch dort einen geistigen Ausgleich herbeiführen. Werde weise, rate ich dir. Nutze all deine Gaben, um Verständnis zu entwickeln. Weisheit ist Gewahrsein der Gegenwart, der Macht Gottes in dir. Du wirst weise, wenn du weißt, dass jeder Gedanke schöpferisch, jeder Gedanke der Anfang einer Tätigkeit ist. »Er, das Wort, wurde ein Mensch, ein wirklicher Mensch von Fleisch und Blut« (Johannes 1, 14). Das Wort ist zum Ausdruck gebrachter Gedanke; ein manfestierter Gedanke. Jeder Gedanke ist der Anfang einer Tätigkeit. Jeder Gedanke, den du hast, ist schöpferisch. Du solltest deinen Gedanken also ehrfürchtigen Respekt entgegenbringen; sonst handelst du dir eine Menge Ärger ein.

Was dich gefühlsmäßig anzieht und was du dir vorstellst, das wirst du. Du kannst dir vorstellen, ein Obdachloser zu sein; du kannst dir vorstellen, als Tramp auf den Dächern von Eisenbahnen zu reisen. Aber du kannst dir auch vorstellen, ungemein erfolgreich zu sein, ein großer Schauspieler; du kannst dir vorstellen, vor einem Publikum zu stehen, es zum Lachen und

Weinen zu bringen, und erkennen, dass die Macht in dir ist, die Schönheit der Stücke Shakespeares zum Ausdruck zu bringen, um das Leben deines Publikums zu bereichern.

Die Wissenschaftler sagen uns, dass alles im Universum singt. Ja, es singt. Es ist ein Universum der Dichten, Frequenzen und Intensitäten. Dein Körper besteht schlicht aus Lichtwellen. Die ganze Welt ist der Tanz Gottes. Das sagt die moderne Wissenschaft von heute. Also geht es im Wesentlichen um Weisheit. Werde weise. Nutze all deine Gaben, um Verständnis zu entwickeln.

Wenn ich mir ein herrliches Bild ansehe, das du gemalt hast, erkenne ich, dass du in die unbeschreibliche Schönheit des Unendlichen versunken warst und diese Schönheit auf die Leinwand gebannt hast. Aber wie hättest du Schönheit auf die Leinwand bannen können, wenn du nicht über sie nachgedacht hättest? Schönheit sieht man nicht. Sie ist eine Eigenschaft des Unendlichen in dir. Liebe sieht man nicht, und doch kannst du dein Kind lieben. Du kannst auch deinen Hund lieben. Durch Liebe strahlst du Wohlwollen aus. Es gibt unsichtbare, ungreifbare Kräfte in dir.

Ja, du hast geistige Kinder. Vielleicht ist es ein Buch, das du schreibst und das die Seele inspiriert, erhöht und würdigt, oder eine schöne Skulptur, die deinem Geist entsprang. Wir haben also geistige Kinder.

Wir haben auch körperliche Kinder. Wie oft hast du schon von einem Nachbarjungen gesagt: »Er ist wohlgeraten. Er hat Manieren. Sieh doch, was für ein hervorragender Schüler er ist. Er respektiert seine Lehrer und seine Eltern. Und er erfüllt alle Aufgaben im Haus und ist höflich und so weiter.« Sagst du dann nicht: »Er muss aus gutem Hause sein«? Seine Eltern müssen ihm wundervolle Ideen und große Wahrheiten eingeprägt haben, weil er sich der goldenen Regel befleißigt, dem Gesetz der Liebe. Du sagst: »Die Eltern haben ihn gut erzogen.« Ja, Kinder künden von der Weisheit und Bildung der Eltern. Deine Weisheit spiegelt sich in der Einstellung des Sohnes oder der Tochter. Sie spiegelt sich auch in deiner Arbeit, deiner Wissenschaft, deiner Kunst, deiner Berufswahl und deinem Schreiben.

Sicher kennst du diese Briefe, die an Zeitungen geschickt werden, oft voller Gift und Galle; sie sind sehr rachsüchtig. Das beruht auf Selbstekel. Ihre Verfasser hassen sich. Wenn du dich hasst, projizierst du diesen Hass auf andere. Aber du kannst andere nicht hassen, wenn du dich nicht zuerst selbst hasst. Anders ist es nicht möglich, unvorstellbar, nicht denkbar. Deshalb ist Selbstekel immer Selbsthass. Erst danach projizieren wir ihn auf andere. Er drückt sich in unserer Redeweise aus, in unserer Kunst und schlichtweg in allem.

Werde weise. Darum geht es. Erkenne die Weisheit

auf all deinen Wegen an. Sie wird dir den Weg ebnen. Vertraue ihr und glaube an sie, dann wird sie ins Sein treten.

Es gibt ein kosmisches Gesetz, und dieses Gesetz ist in dir. Man kann alles nur durch seinen Geist erhalten oder verlieren. Der Geist ist nämlich absolut gerecht und in höchstem Maße anständig. Du kannst dein Kind nicht gleichzeitig segnen und verfluchen. Du kannst nicht gleichzeitig lachen und weinen. Du kannst nicht gleichzeitig preisen und anprangern. Du kannst nicht sagen: »Mein Kind – die Unendliche Intelligenz möge ihm beistehen«, und im selben Atemzug sagen: »Dieses Kind ist ja völlig konfus.« Nein, du kannst nicht zwei Gedanken gleichzeitig haben.

Preist dein Geist die Göttlichkeit in deinem Partner, wird die Ehe im Laufe der Jahre immer gesegneter und schöner. Weshalb? Ihr preist Gott im anderen. Verweilt ihr bei den Unzulänglichkeiten, Versäumnissen, Eigenarten und Abnormalitäten (die wir alle haben) des anderen, fixiert ihr diese Zustände in ihm und auch in euch. Dann ernährt ihr euch aus der Mülltonne. Dann seid ihr Aasfresser und getrennt voneinander, weil ihr von Harmonie, Frieden, Liebe, Freude, Schönheit, Güte, Wohlwollen und Verständnis getrennt seid. Wenn das keine Trennung, wenn das keine Scheidung ist. Eine Scheidung fängt im Kopf an.

Ihr müsst die Göttlichkeit ineinander preisen und

für euch in Anspruch nehmen, dass die unendliche Intelligenz euch führt und leitet. An oberster Stelle steht das göttliche rechte Handeln. Göttliche Liebe durchdringt Geist und Herz des anderen. Dann wird die Ehe oder Partnerschaft im Laufe der Jahre immer gesegneter.

Einzig im Geist kann man gewinnen oder verlieren. Einzig dort. Den Verlust wirst du nicht zugeben. Angenommen, du sagst mir, du hättest durch einen Schwindler dreißigtausend Dollar verloren. Nun, dann hattest du wahrscheinlich deine fünf Sinne nicht beisammen. Du hast mit ziemlicher Sicherheit nicht nachgefragt, nicht mit einem Anwalt oder Makler Rücksprache gehalten oder über den Betreffenden Erkundigungen eingeholt; du hast nichts von alledem getan, was du hättest tun sollen. Du warst achtlos, gleichgültig, apathisch, lustlos und faul. Du hast nicht einmal deinen gesunden Menschenverstand eingesetzt. Damit gibst du zu, dass du den gesunden Menschenverstand verloren hast. Gibst du das aber zu, hast du ihn schon wieder.

Außer durch den Geist kann man nichts verlieren oder gewinnen. Also komme ich auf das Wissen um die Gesetze des Geistes zurück. Du hast sie buchstäblich verloren; nimmst du aber für dich in Anspruch, geistig und spirituell mit den dreißigtausend Dollar eins zu sein, kommen sie gemäß des göttlichen Gesetzes und der göttlichen Ordnung zu dir zurück. Egal, welcher Sache du Aufmerksamkeit schenkst, egal, worauf du dich konzentrierst, dein Unterbewusstsein wird es verstärken und multiplizieren. Du verweigerst dich dem Verlust. Du akzeptierst den Verlust geistig nicht; folglich kannst du auch nichts verlieren. So lautet das Gesetz des Geistes. Du kannst einzig durch den Geist etwas gewinnen; du kannst einzig durch den Geist etwas verlieren. Du kannst ein Haus erst dann verkaufen, wenn du es geistig schon verkauft hast; du kannst ein Paar Schuhe erst dann kaufen, wenn du es geistig schon gekauft hast; du kannst einen Job erst dann bekommen, wenn du ihn geistig schon akzeptiert hast. Der Körper spielt nicht die geringste Rolle. Es ist nicht deine Hand, die den Scheck unterschreibt; es ist der Geist, der auf deine Hand einwirkt, der den Scheck unterschreibt.

Das lehre ich die Menschen, und ich bin stets auf der Hut vor negativen Gedanken. Ich schiebe sie aus meinem Bewusstsein, sobald sie mir auffallen. Ich vertraue auf die unendliche Macht und Gegenwart, die sich stets für das Gute einsetzt. Ich habe Vertrauen in die Güte und Führung des Unendlichen. Ich öffne meinen Geist und mein Herz dem Einfluss des göttlichen himmlischen Geistes. Dabei stellt sich ein zunehmendes Gefühl von Macht, Weisheit und Verstehen ein. Ich bin geistig und emotional eins mit den dreißigtausend

Dollar und weiß, dass ich nichts verlieren kann, wenn ich den Verlust nicht schon geistig akzeptiert habe. Ich weiß, wie mein Unterbewusstsein funktioniert. Es verstärkt alles, was ich ihm einpräge.

Deshalb kommt mein Geld zu mir zurück, gebündelt und im Überfluss. Das ist Gottes Wirken.

Zusammenfassung

1. Es sind die gesetzten Segel und nicht die Stürme, die bestimmen, welchen Kurs dein Leben nimmt. Es sind deine inneren Gedanken, deine Gefühle und deine Vorstellungskraft. Mit anderen Worten, deine geistige Einstellung, die in dir ihre Wirkung entfaltet, und nicht so sehr der Einfluss von außen bewirkte den Unterschied zwischen Erfolg und Scheitern.

2. Was immer du deinem Unterbewusstsein oder Glauben einprägst, dein Unterbewusstsein wird es seiner Form und Funktion nach, aber auch als Erfahrung und Ereignis zum Ausdruck bringen. Was immer du in deinem Bewusstsein wirklich glaubst, dein Unterbewusstsein wird es in Szene setzen und aufführen, ob gut oder schlecht.

3. Ein wichtiges geistiges Gesetz lautet: Was immer du an ICH BIN anhängst, das wirst du sein. Wenn du beispielsweise sagst: »Ich bin nicht gut; ich bin ein Taugenichts; ich bin ein Versager; ich bin schon alt; ich bin niemandem mehr eine Hilfe« – deine Worte werden sich erfüllen. Deshalb solltest du vielmehr sagen: »Ich bin stark; ich bin mächtig; ich bin liebevoll; ich bin freundlich; ich bin inspiriert; ich bin erleuchtet; ich bin in Harmonie mit allem; ich bin unermesslich reich; und ich bin froh, das tun zu dürfen, was mir Freude bereitet, im Glanz Gottes und göttlich geführt.«

4. Gerechtigkeit ist eine Geisteshaltung. Dazu musst du mit den spirituellen Gesetzen vertraut sein. Erst dann bist du in der Lage, Gerechtigkeit zu üben und Ungleichheiten auszutarieren. Gerechtigkeit bedeutet *gerechte* Behandlung. Gerechtigkeit beruht auf Rechtschaffenheit – rechtes Denken, rechtes Fühlen, rechtes Handeln. Sie beruht auf der goldenen Regel oder dem Gesetz der Liebe. Sie will austarieren und ins Gleichgewicht bringen.

5. Willst du im Leben erfolgreich und wohlhabend sein, musst du einen geistigen Ausgleich herbeiführen. Werde weise, rate ich dir. Nutze all deine Gaben, um Verständnis zu entwickeln. Weisheit ist

Gewahrsein der Gegenwart, der Macht Gottes in dir. Du wirst weise, wenn du weißt, dass jeder Gedanke schöpferisch, jeder Gedanke der Anfang einer Tätigkeit ist.

6. Kapitel

Vom Umgang mit schwierigen Menschen

Auf den Inseln von Hawaii trifft man Menschen aller ethnischen Gruppen und unterschiedlicher religiöser Überzeugungen, die harmonisch und friedlich miteinander leben und sich im Licht von Gottes Liebe sonnen. Ich habe diese Inseln immer wieder besucht. Der Eingeborene, der mich vom Flughafen zum Maui Hilton Hotel fuhr, erzählte mir, dass seine Vorfahren eine Mischung aus Iren, Portugiesen, Deutschen, Japanern und Chinesen seien. Er betonte, dass die Menschen hier schon seit Generationen untereinander heirateten, und dass Rassenprobleme unbekannt seien.

Einer der Hauptgründe, weshalb manche Männer und Frauen es im Leben zu nichts bringen, ist ihre Unfähigkeit, mit anderen auszukommen. Dabei liegt das Problem eigentlich in ihnen selbst. Sie kommen mit sich selbst nicht aus. Sie sind frustriert, liegen mit sich im Streit. Sie erkennen ihre Träume und Sehnsüchte nicht. Sie projizieren ihre Feindseligkeit und Frustration auf andere.

Du solltest den Menschen sagen, wie sie ihre Sehnsüchte, Träume und Erwartungen erkennen können. Sag ihnen: »Gott gab dir diese Sehnsucht, größer und herrlicher zu sein, als du bist, denn das Leben ist Weiterentwicklung.« Das Leben ist eine endlose Entfaltung der Wahrheit. Der himmlische Geist in dir sagt ständig zu dir: »Erhebe dich, gehe weiter und wachse.« Das Gemurmel und Geflüster unserer innersten Gefühle ist stets auf das Leben gerichtet. Du musst ihnen klar machen: »Der unendliche himmlische Geist, der dir diese Sehnsucht gab, offenbart den vollkommenen Plan für seine Entwicklung nach dem göttlichen Gesetz und göttlicher Ordnung.« Ernähre und erhalte ihn, dann wird sich die Tür für dich auftun. Aber wenn du die Gesetze des Geistes nicht kennst und nicht weißt, wie du deine Ziele im Leben erreichen kannst, wirst du dich frustriert zurückziehen.

Millionen von Menschen gehen falsch miteinander um. Oft sind sie in ihrer Prahlerei taktlos und kränkend. Der beste Weg, miteinander auszukommen, besteht darin, die Göttlichkeit im anderen zu begrüßen und zu erkennen, dass jeder Mann und jede Frau eine Verkörperung aller Menschen und ein Beispiel für die Menschheit ist. Jeder von uns ist göttlich, denn wir sind alle der manifest gewordene Gott. Es gibt nur ein Wesen. Nenne keinen Menschen deinen himmlischen Vater. Es gibt nur einen himmlischen Vater, der Gott ist.

In den meisten Religionen wird Gott »Unser Vater«

genannt. Wir sind alle aufs Engste miteinander verwandt. Deshalb kränke ich mich selbst, wenn ich einen anderen kränke. Vielleicht weiß ich das in meiner Einfalt noch nicht; dennoch ist es wahr.

Wünscht du dir, dass andere scheitern, denkst du an das Versagen. Dein Gedanke ist schöpferisch, und so wirst *du* versagen. Vielleicht glauben diese anderen Menschen an Wohlstand und Erfolg und gedeihen wie grüner Lorbeer. Aber du bist der Dumme. Du bist es, der leidet.

Jede Person, die auf Erden wandelt, ist eine Tochter oder ein Sohn der unendlichen Intelligenz und Gegenwart und Macht. Es gibt nur eine Macht. Wenn wir die Göttlichkeit in uns achten, ehren und offenbaren, achten und ehren wir damit auch die Göttlichkeit im anderen. »Liebe deinen Mitmenschen wie dich selbst« (Römer 13, 9). Die Menschen verwirrt das. Sie sagen: »Wie kann ich diesen Kerl lieben? Er schlägt seine Frau, er kommt betrunken nach Hause, und er schikaniert seine Kinder.« Damit hat das nichts zu tun – nicht im Geringsten. Dein Selbst ist Gott – dein höheres Selbst. In der Bibel ist Liebe keine Empfindung; sie ist keine Emotion. Sie bedeutet lediglich, dass du einen gesunden, heilsamen, ehrfürchtigen Respekt für das Göttliche hast, das dich erschuf, das dein Herz zum Schlagen brachte, das das Haar auf deinem Kopf wachsen ließ, das dir bei deiner Geburt die ganze Welt schenkte. Es war alles schon da – das Sonnenlicht war da und die Luft. Gott hat dir reichlich von allem gegeben, damit du deine Freude hast.

Wenn du also keinen ehrfürchtigen und gesunden Respekt vor dem Göttlichen hast, wie um Himmels willen kannst du dann das Göttliche in allen anderen achten? Du kannst es nicht. Aber ehrst du dieses Göttliche, das im Schlaf über dich wacht und deinen Atem und Herzschlag, deinen Kreislauf und alle Phasen deines Lebens reguliert – wenn du dieses Göttliche achtest, so erhört es dein Gebet. Wenn du es achtest und ehrst, wirst du es auch in den anderen achten. Achtest du es nicht in dir, kannst du es auch in den anderen nicht achten.

Deshalb kann ein Mann seine Frau, seinen Sohn, seine Tochter oder sonst jemanden nicht lieben, wenn er nicht sich selbst liebt, denn sein Selbst ist Gott. Gott ist der lebendige himmlische Geist, der ihn erschuf. Lieben heißt, der einen Macht Treue und Loyalität entgegenzubringen. Achtest und ehrst du andere Kräfte und verleihst den Sternen Macht oder der Sonne, dem Mond, dem Wetter, den Erdbeeren, dem Ventilator, dann zollst du dem Geschaffenen Tribut, nicht dem Schöpfer.

In den Zehn Geboten heißt es: »Du sollst keine anderen Götter neben mir haben, denn ich, der Herr, bin ein eifersüchtiger Gott.« Die Macht ist eins und unteilbar. Sie bewegt sich als Einheit und Harmonie. Es gibt nichts zu bekämpfen, zu vereiteln oder zu widerlegen. Deshalb bringe der einen Macht Anerkennung, Ehre und Treue entgegen. Dann liebst du Gott in dem biblischen Sinn, dass alles zu dir beiträgt. Dann stellst du keinen anderen auf das Podest und sagst: »Diese Person verhindert mein Wohl.« Dann bist du gerecht zu dir selbst.

Als ich einmal auf Hawaii ein Hotel besuchte, hatte ich ein interessantes Gespräch mit einem Kellner. Er erzählte mir, dass jedes Jahr ein exzentrischer Millionär vom Festland das Hotel besuchte. Der Besucher erwies sich als ziemlich knausriger Typ, der es verabscheute, einem Kellner oder Pagen Trinkgeld zu geben. Er war flegelhaft, grob, ungehobelt und ganz einfach eine Pest. Es war ihm nichts recht zu machen. Ständig beschwerte er sich über das Essen und den Service. Er schnauzte die Kellner an, wann immer sie ihm aufwarteten.

Dieser Kellner sagte zu mir: »Ich begriff, dass er krank war. Ein Kahuna – ein Priester der hawaiischen Eingeborenen – meinte, wenn jemand so ist, frisst ihn etwas innerlich auf. Also beschloss ich, dieses Etwas mit Höflichkeit zu töten.« Der Kellner behandelte ihn fortan mit Höflichkeit, Freundlichkeit, Respekt und der stillen Bejahung: »Gott liebt ihn und sorgt für ihn. Ich sehe Gott in ihm, und er sieht Gott in mir.« Er praktizierte diese Methode einen Monat lang, und dann sagte dieser exzentrische Millionär zum ersten Mal: »Guten Morgen, Tony. Wie ist das Wetter? Sie sind der beste Kellner, den ich je hatte.« Tony sagte mir: »Ich wäre beinahe in Ohnmacht gefallen. Ich erwartete, angeschnauzt zu werden, und bekam stattdessen ein Kompliment. Und zum Abschied gab er mir noch fünfzig Dollar Trinkgeld.«

Ein Wort zur rechten Zeit gesprochen, wie gut tut das. Worte sind zum Ausdruck gebrachte Gedanken. Die Worte und Gedanken dieses Kellners hatten sich an die Seele (das Unterbewusstsein) des wunderlichen, streitsüchtigen Gastes gewandt. Sie schmolzen allmählich das Eis in seinem Herzen. Er antwortete liebevoll und gütig. Tony zeigte, dass es sich bei menschlichen Beziehungen fabelhaft auszahlt, die Gegenwart Gottes im anderen zu sehen und sich an die große ewige Wahrheit zu halten, spirituell wie materiell.

Ich hatte auch einmal ein interessantes Gespräch mit einer Animateurin in einem der Hotels von Maui. Sie erzählte, dass sie einmal zu einem Gast sagte: »Ist das nicht ein wundervoller Tag?« Dieser antwortete: »Was soll daran so wundervoll sein? Ich kann das Wetter hier nicht ausstehen. Diese Insel ist mir rundum verhasst.« Sie fügte hinzu, ihr sei bekannt gewesen, dass dieser Gast emotionale Probleme hatte und von irrationalen Gefühlen beherrscht wurde. Sie hatte in Honolulu an der Universität von Hawaii Psychologie studiert und erinnerte sich, wie ihr Lehrer betont hatte, dass man sich über jemanden, der beispielsweise einen Buckel oder eine andere offensichtliche Missbildung hat, nicht aufregt und auch keinen Groll gegen ihn hegt. Vielmehr bringt man ihm Mitgefühl entgegen. Es könnte doch sein, dass er einen schweren Unfall erlitten hat oder so geboren wurde. Ebenso wenig sollte man sich wegen Personen beunruhigen, die emotionale Buckelträger und geistig entstellt und verkrüppelt sind. Man sollte versuchen, ihr geistiges und emotionales Chaos zu verstehen. Es ist so wichtig, darüber hinwegzusehen und ihnen zu vergeben.

Diese junge Dame ist anmutig, charmant, freundlich und liebenswürdig; und anscheinend kann sie nichts aus der Fassung bringen. Sie hat eine Art göttliche Immunität aufgebaut und ist sich völlig bewusst, dass nur sie selbst sich verletzen kann. Das heißt, es steht ihr so frei wie jedermann sonst, den anderen zu segnen oder zu verurteilen. Sie weiß ganz genau, dass sie sich nur selbst Schaden zufügen kann, durch die Bewegung ihrer Gedanken, und sie hat sich vollkommen in der Gewalt.

Die Suggestionen, Aussagen und Handlungen anderer haben nicht die Macht, dich zu beunruhigen. Einzig die Bewegung deiner Gedanken. Du kannst sagen: »Gott leitet mich jetzt. Frieden erfüllt meine Seele.«

Oder du kannst sagen: »Er ist ein Schurke«, oder: »Sie ist ein Miststück«, wie es manchmal vorkommt. Du regst dich auf. Du bist der Chef; du hast die Kontrolle. Die andere Person hat keinen Einfluss mehr auf dich.

Ein junger Musiker, der abends in einer Bar spielte, um die Studiengebühren an der Universität von Hawaii zu bezahlen, wo er Rechtswissenschaft studierte, sagte mir, dass er mit einigen seiner Lehrer im Streit liege; dass sein Gedächtnis ihn bei den mündlichen und schriftlichen Prüfungen im Stich gelassen habe. Dieser junge Mann wirkte angespannt und aufgebracht.

Ich erklärte ihm, dass sein Unterbewusstsein sich an alles erinnert, was er jemals gelesen und gehört hat, dass aber, wenn sein Bewusstsein angespannt sei, die Weisheit des Unterbewusstseins nicht an die Oberfläche dringen kann. Entsprechend betete er jeden Abend und jeden Morgen: »Die unendliche Intelligenz in meinem Unterbewusstsein offenbart mir alles, was ich wissen muss, und ich bin bei meinen Studien göttlich geschützt. Ich strahle meinen Lehrern gegenüber Liebe und Wohlwollen aus, und ich bin im Frieden mit ihnen. Ich bestehe alle Prüfungen in göttlicher Ordnung.«

Er trug diese Worte mit seinem geistigen Schreibstift in sein Unterbewusstsein ein. Und was du in dein Unterbewusstsein einträgst, verschafft sich gemäß göttlicher Ordnung Ausdruck. So hast du gehen gelernt, schwimmen, tanzen und Auto fahren. Du hast ein ums andere Mal ein Gedankenmuster wiederholt und daraufhin eine Handlung. Nach einer Weile hast du dann gesagt: »Es ist meine zweite Natur.« Was ist eine zweite Natur? Eine zweite Natur ist die Antwort deines Unterbewusstseins auf dein bewusstes Denken und Handeln. Natürlich erfolgt sie automatisch. Es ist ein Zwang. So etwas nennt man Gebet. Die meisten Menschen wissen nicht einmal, was ein Gebet ist.

Drei Wochen verstrichen, bis ich ein Schreiben von diesem Mann erhielt, in dem es hieß, dass er das Examen mit Bravour bestanden hatte und sein Verhältnis zu seinen Lehrern jetzt hervorragend war. Es war ihm gelungen, mit Hilfe der Bejahungen, die ich ihm gegeben hatte, die Vorstellung der vollkommenen Erinnerung an alles, was er wissen musste, in sein Unterbewusstsein zu übertragen. Seine Lehrer hatten unbewusst seine Ausstrahlung von Liebe und Wohlwollen aufgefangen, was in harmonischen, menschlichen Beziehungen resultierte.

Auf Hawaii gibt es einen Krater namens Halekala. Einst ein feuriges, tiefes Loch, handelt es sich inzwischen um einen abgekühlten Kegel, der kaum noch an einen Vulkan erinnert. Ich gehörte zu einer Gruppe von Leuten, die aus den unterschiedlichsten Teilen der Welt angereist waren. In der Limousine, die mich vom Flughafen zum Hotel brachte, saß ich neben einem australischen Arzt und seiner Frau. Er erzählte mir, dass in seinem Leben Schreckliches vorgefallen sei, das sehr den Ergebnissen der vulkanischen Aktivität ähnele, auf die wir schauten, denn er hatte die Gewohnheit gehabt, grob mit den Menschen umzugehen. Er war regelmäßig über das, was die Kolumnisten in der Zeitung schrieben, außer sich geraten. Er hatte heftige und giftige Briefe an Parlamentsabgeordnete, die Vorsitzenden verschiedener Gewerkschaften und andere Personen geschrieben. Dieser innere Zorn und Aufruhr führten zu physischen Eruptionen in Gestalt zweier schwerer Herzinfarkte sowie eines Vulkanausbruchs in Form eines leichten Schlaganfalls. Er erholte sich von diesen Schlägen und erkannte, dass er sie sich selbst beigebracht hatte.

Im Krankenhaus gab ihm eine Schwester mit den Worten: »Doktor, dies ist eine wundervolle Arznei«, den dreiundzwanzigsten und einundneunzigsten Psalm zu lesen.

Danach las er den dreiundzwanzigsten Psalm: »Der Herr ist mein Hirte; darum leide ich keine Not. Er bringt mich auf saftige Weiden, er stellt meine Seele wieder her. Güte und Barmherzigkeit folgen mir alle Tage meines Lebens, weil ich mein Leben lang im Haus Gottes weile. Und muss ich auch durchs finstere Tal – ich fürchte kein Unheil! Du, Herr, bist ja bei mir; deine Rute, deine Macht und dein Stab, sie trösten mich.«

Er begann sich in den einundneunzigsten Psalm zu vertiefen: »Wer unter dem Schutz des höchsten Gottes lebt, darf ruhen bei ihm, der alle Macht hat. Er sagt zum Herrn: ›Du bist meine Zuflucht, bei dir bin ich sicher wie in einer Burg. Mein Gott, ich vertraue dir!‹ Er breitet seine Flügel über dich, ganz nahe bei ihm bist du geborgen. Wie Schild und Schutzwall deckt dich seine Treue.«

Es ist unmöglich, sich in diese großen ewigen Wahrheiten zu vertiefen, die Tausende von Jahren die Prüfung der Zeit bestanden haben, ohne Frieden zu empfinden.

Im Laufe der Jahrtausende haben Menschen aller religiösen Überzeugungen im Falle von Schiffshavarien, Feuer, unheilbaren Krankheiten und allen Arten von Schwierigkeiten bei diesen Psalmen Zuflucht gesucht; und sie wurden beschützt. Das hat die Psalmen in den universellen, subjektiven Geist eingetragen, den die Hindus *Akasha-Chronik* nennen. Nimmst du bei diesen Psalmen Zuflucht, auch wenn du ihren tieferen Sinn nicht verstehst – was sie noch wundervoller macht –, so zapfst du damit die Überlebensmethode, die Erfahrungen und die Heilungen anderer im Laufe der Jahrtausende an. Du wirst erhört werden, und es wird zu wundervollen Resultaten kommen.

Auf diese Weise erfuhr der australische Arzt, dass es überhaupt so etwas wie eine spirituelle Arznei gibt. Sie dringt durch Augen und Ohren ein. Also begann er sich in diese Psalmen zu vertiefen. Nach und nach prägte seine Seele sich ihren tieferen Sinn ein. Er betonte, dass er seitdem gelernt hatte, sich an die Menschen anzupassen, in der Erkenntnis, dass alle verschieden konditioniert sind und dies eine Welt unvollkommener Menschen ist, die nach Vollkommenheit streben. Der Arzt hatte gelernt, dem »Gottselbst« in sich, wie er es nannte, treu zu sein und das Göttliche im anderen zu respektieren.

William Shakespeare, der größte Dramatiker der klassischen englischen Literatur, schrieb: »Sei dir selber treu, und draus muss folgen wie die Nacht dem Tag: Du kannst nicht falsch sein dann zu irgendwem« (Hamlet, I/3). Der australische Arzt begriff, dass alles zu verstehen alles zu vergeben heißt. Er ist noch immer intolerant gegenüber falschen Ideen, aber nicht gegenüber Menschen. Er bleibt den Wahrheiten Gottes und den ewigen Prinzipien treu.

Ein anderer Mann, mit dem ich neben dem herrlichen, majestätischen Maui Hilton Hotel im Meer schwamm, sagte zu mir: »Ich bin hier, um alles hinter mir zu lassen.« Er begann jeden in seiner Organisation zu kritisieren, auch die Regierung. Er schien sogar dem Unendlichen zu grollen. Er meinte, es ginge ihm besser, wenn Gott ihn in Ruhe ließe. Dann fragte er mich: »Was kann ich tun, um die Beziehung zu meinen Mitmenschen zu verbessern und mit diesen hässlichen, abscheulichen Leuten klarzukommen?«

Ich antwortete, Forschungen hätten ergeben, dass viele der Schwierigkeiten, die Personen in zwischenmenschlicher Hinsicht haben, darauf zurückzuführen seien, dass sie nicht in sich selbst nach der Ursache schauten. Dort läge sie nämlich meistens. Der erste Schritt sei, mit dem eigenen schwierigen Selbst klarzukommen. Ich machte ihn darauf aufmerksam, dass ein großer Teil seiner Probleme mit seinen Angestellten und Mitarbeitern hauptsächlich in ihm begründet sei und man die nachteiligen Eigenheiten der betroffenen Personen vielleicht Sekundärursachen nennen könnte. Er gab zu, dass er voll verborgenen Zorns und Feindseligkeit sei, zutiefst frustriert über seinen unerfüllten Ehrgeiz und seine Pläne fürs Leben.

Er begann jedoch zu verstehen, dass sein unterdrückter Zorn bei Leuten um ihn herum eine latente Feindseligkeit hervorrief; und er litt unter diesen Reaktionen, die er selbst herbeiführte. Er stellte fest, dass das, was er als die Feindseligkeit und Animosität seiner Mitarbeiter und Angestellten betrachtet hatte, in hohem Maße seine eigene Feindseligkeit und Frustration widerspiegelte.

Ich gab ihm ein spirituelles Rezept, das er daraufhin regelmäßig und systematisch anwandte: »Ich weiß, dass es ein Gesetz von Ursache und Wirkung gibt, und die Stimmung, die ich hervorrufe, fällt durch die Reaktionen der Menschen und durch Bedingungen und Begebenheiten verstärkt auf mich zurück. Ich erkenne, dass mein innerer Aufruhr und Zorn Hässlichkeit und Ärger in Männern, Frauen und Tieren hervorrufen. Ich weiß, dass, egal was ich erlebe, es eine Anziehungskraft auf meinen Geist haben muss – bewusst oder unbewusst –, denn wie ich denke und fühle, so bin ich, so drücke ich mich aus und erlebe mich und verhalte mich. Ich verabreiche mir diese Arznei viele Male am Tag. Ich denke, spreche und handle aus der göttlichen Mitte in mir. Ich strahle gegenüber allen ringsum und allen Menschen auf der ganzen Welt Liebe, Frieden und Wohlwollen aus. Dieses unendliche Wesen liegt in mir lächelnd hingestreckt da. Frieden ist die Macht im Herzen Gottes, und Sein Fluss des Friedens durchströmt meinen Geist, mein Herz und mein ganzes Wesen. Ich bin eins mit dem unendlichen Frieden Gottes. Mein Geist ist ein Teil des unendlichen Geistes. Was für das Unendliche wahr ist, ist auch für mich wahr. Ich erkenne und weiß, dass keine Person, kein Ort und kein Ding auf der ganzen Welt die Macht besitzt, mich ohne mein geistiges Einverständnis aufzuregen, zu verärgern oder zu reizen. Mein Gedanke ist schöpferisch, und wissend und wollend weise ich alle negativen Gedanken und Suggestionen zurück und bejahe, dass die unendliche Intelligenz mein Führer, mein Berater, mein Herrscher ist, und dass diese Weisheit über mich wacht. Ich weiß, dass die unendliche Intelligenz mein wahrer Auftraggeber ist, und ich arbeite für diese Macht, die mich beseelt und erhält. Mein wahres Selbst ist Gott, der lebendige himmlische Geist in mir. Er kann nicht verletzt, beeinträchtigt oder vereitelt werden. Ich erkenne, dass ich mich durch meine Selbstkritik, Selbstverurteilung und Selbstanschwärzung am meisten selbst verletzt habe. Ich sende allen Menschen Güte, Liebe und Freude, und ich weiß, dass mir Güte, Wahrheit und Schönheit an allen Tagen meines Lebens folgen werden, denn ich wohne für immer im Haus des Unendlichen.«

Drei Wochen vergingen, bis er mir schrieb und mitteilte, dass die Einübung dieser geistigen und spirituellen Gesetze Heiterkeit, Gelassenheit und einen gewissen Gleichmut an die Stelle seines inneren, chaotischen, brodelnden Geisteszustandes gesetzt hätte. Glaube mir, Frieden ist die Macht im Herzen Gottes. Das Unendliche, sagt der Philosoph Ralph Waldo Emerson, liegt lächelnd in dir ausgestreckt. Einzig das Endliche hat sich geplagt und gelitten. Das Endliche ist dein Bewusstsein, das alle Probleme enthält, doch in den Tiefen deines Selbst herrschen vollkommener Segen und vollkommene Harmonie.

Ein U-Boot-Kommandant wird dir versichern, dass du nur tief genug zu tauchen brauchst, um vollkommenen Segen und vollkommene Harmonie zu finden. Es gibt dort unten im Meer weder Lärm noch Chaos noch Verdruss. So ist es auch mit den Tiefen unseres eigenen Selbst.

Ich führte einmal ein interessantes Gespräch mit einem japanischen Geschäftsmann, der etwa folgende Philosophie vertrat: »Ich bin jetzt seit fünfzig Jahren im Geschäft und weit herumgekommen. Ich habe gelernt, dass die Menschen im Wesentlichen gut und aufrichtig sind. Ich nehme sie alle, wie es gerade kommt. Sie sind ganz unterschiedlich. Ihre Ausbildung und ihre Konditionierung sind verschieden. Sie haben verschiedene Sitten und religiöse Überzeugungen. Sie sind das Ergebnis ihrer Ausbildung, ihrer Schulung und ihres gewohnheitsmäßigen Denkens. Ich weiß, dass es diese Menschen nicht ändert, wenn ich mich über sie beschwere und mich über sie aufrege. Ich lasse es nicht an mich heran. Ich erlaube niemandem, dass er mir unter die Haut geht. Ich segne sie alle und gehe meiner Wege.«

Er zeigte mir eine Liste von zehn Kunden, die ihm beträchtliche Geldsummen schuldeten und seine diversen Mahnungen ignoriert hatten. Er sagte: »Ich habe jeden Morgen und jeden Abend gebetet und anerkannt, dass die unendliche Gegenwart und Macht ihnen auf allen Wegen gewogen ist und die unendliche Intelligenz sie zu ihrem Wohl führt, sie anleitet und ihr Vermögen vervielfacht. Ich bete, dass sie ihre Rechnungen frohen Herzens begleichen; dass sie auf all ihren Wegen ehrlich, aufrichtig und gesegnet sein mögen. Vor einem Monat habe ich damit angefangen. Acht von ihnen haben inzwischen bezahlt und sich für die Verzögerung entschuldigt. Zwei stehen noch aus, aber ich weiß, dass auch sie bezahlen werden.«

Er fand heraus, dass er nur seine geistige Einstellung gegenüber den säumigen Schuldnern zu ändern brauchte, damit auch sie sich änderten. Behandle die Menschen mit Respekt; ehre und begrüße das Göttliche im anderen. Es ist in allem. Vielleicht sind sie Halsabschneider und Mörder; dennoch sind sie von göttlicher Gegenwart erfüllt. Vielleicht nutzen sie sie nicht; vielleicht schlummert sie oder liegt im Tiefschlaf. Und doch ist sie da. Sie ist in deinem Ehemann; sie ist in deiner Ehefrau, in deinem Sohn und in deiner Tochter, in deiner Schwiegermutter, in deinem Schwiegervater. Das Göttliche ist da. Es formt uns und verleiht uns die Gestalt, die wir uns wünschen.

Du hast es so gewollt. Respektiere das. Strahle an alle Liebe und Wohlwollen aus. Es kostet nichts; es zahlt sich ganz fabelhaft aus. Erkenne, dass niemand, der sich einigermaßen einfügen kann, streitsüchtig, feindselig, gehässig und mürrisch ist. Milieugestörte Menschen ziehen immer milieugestörte Menschen an. Unharmonische Menschen ziehen immer andere unharmonische an. Selbstverständlich tun sie das. Gleich und Gleich gesellt sich gern; sie sind vom gleichen Schlag.

Wisse, dass es irgendwo einen geistigen Konflikt gibt, wenn Menschen sich feindselig und gehässig verhalten. Die Kahuna sagen, etwas frisst sie innerlich auf. In ihnen steckt eine Springbohne. Sie springen. Der Keim steckt in der Bohne; und wenn er erwärmt wird, springt er. So steckt auch in vielen Menschen eine Springbohne. Sie sind voreingenommen. Voreingenommenheit ist ein Vorurteil. Sie haben geurteilt, bevor sie sich über etwas ein Bild gemacht haben. Manche Menschen haben Vorurteile gegen Juden, Katholiken und Protestanten, Politiker, bestimmte politische Bewegungen und so weiter. Sie wissen nicht das Geringste darüber; es ist ein Vorurteil.

Du fragst sie: »Woran glaubt ihr?« Sie wissen es nicht. Sie handeln nach Vorurteilen. Das ist eine Krankheit des Geistes. Irgendwo sitzt ein psychischer Schmerz. Gott ist dein wahres Selbst. Er kann auf keine Weise verletzt, vereitelt oder beeinträchtigt werden. Triffst du im Leben auf schwierige Menschen, übergebe sie dem Unendlichen; erkläre dich für frei. Sprich: »Ich übergebe sie dem Unendlichen, und diese Unendliche Gegenwart und Macht hält sie nach göttlichem Gesetz und göttlicher Ordnung aus meinem Leben fern. Und dieselbe Gegenwart und Macht hält mich nach göttlichem Gesetz und göttlicher Ordnung aus ihrem Leben fern.« Und so wird es geschehen. Es wird sein, als hätte die Erde sie verschlungen. Du wirst dich auf saftigen Weiden und am frischen Wasser wiederfinden. »Er bringt mich auf saftige Weiden, er stellt meine Seele wieder her« (Psalm 23, 2–3).

In uns allen gibt es diese wundervolle Gegenwart und Macht. Überall begegnen wir Menschen – im Büro, zu Hause, in der Fabrik oder auf Reisen. Überall begegnen wir ihnen, und wir müssen lernen, mit ihnen auszukommen. Heute gibt es über sechs Milliarden Menschen auf der Welt, und die Bevölkerungszahl steigt täglich. Einsiedler, Höhlenbewohner und Eremiten können dem Kontakt mit anderen Menschen nicht mehr entrinnen. Auch sie haben Geist. Alle Menschen teilen sich einen gemeinsamen Geist. Du kannst nicht vor dir selbst davonlaufen. Wir nehmen unseren Geist mit uns, wohin wir auch gehen. Und wir sind alle in dieses Massenbewusstsein eingebunden. Es hat keinen Zweck, nach Boston davonzulaufen und sich zu sagen: »In Boston sind die Menschen netter.« Vergiss nicht, du nimmst deinen Geist und deine Neigungen mit dir; und wenn du zum Hässlichen und Unangenehmen neigst, wirst du auch dort unangenehme Menschen anziehen, denn Gleich und Gleich gesellt sich gern. Du wirst sie überall anziehen.

Lauf nicht länger vor dir davon. Stell dich dem Problem dort, wo du bist. Das Problem ist in uns. Die Chinesen erzählen sich die Geschichte von einem Jungen, der davonlief. Dort war es Brauch, dass ein Junge an seinem Zufluchtsort immer den Dorflehrer aufsuchte, weil der das *I Ging* studierte, das große Buch der Weisheit. Er galt als weise und konnte dem Jungen helfen. Also machte der Junge es sich zur Gewohnheit, immer wenn er in Schwierigkeiten steckte, den Dorflehrer aufzusuchen.

Die erste Frage, die der Dorflehrer dem Jungen stellte, wenn dieser ihn aufsuchte, lautete: »Mein Sohn, sprich freiheraus. Was für Menschen leben in der Stadt oder in dem Dorf, in dem du wohnst?« Der Junge sagte: »Nun, Meister, sie waren grausam und gemein. Als ich krank war, haben sie mich nicht einmal besucht.« Der Dorflehrer sagte: »Hier sind sie genauso, mein Sohn. Zieh weiter.« Also rannte der Junge zu einem anderen Dorf und suchte auch dort den Dorflehrer auf. Der Dorflehrer fragte: »Was für Menschen leben in der Stadt, die du verlassen hast?« »Nun«, antwortete er, »sie haben mich geschlagen, waren grausam zu mir. Als ich im Krankenhaus lag, haben sie mich nicht einmal besucht. Und auch meine Eltern waren sehr grausam; sie haben mich unbarmherzig geschlagen.« Der Dorflehrer sagte: »Hier sind sie genauso, mein Sohn. Ziehe weiter.«

Im nächsten Dorf suchte der Junge wieder den Dorflehrer auf und erzählte ihm die gleiche Geschichte. Der Dorflehrer meinte: »Hier sind sie auch gemein. Es gibt hier böse Menschen, die genauso sind wie in dem Dorf, aus dem du kommst. Zieh weiter, mein Sohn, dann wirst du schon das richtige Dorf finden.«

Also begann er unterwegs *Tao* zu befragen – das ist der chinesische Name für Gott, die Natur, den Anfang aller Dinge, der »dauernd ohne Handeln« das Universum, den Himmel und die Erde hervorbringt. Der Junge bat *Tao* um Führung und darum, dass er ihm die richtigen Worte in den Mund lege. Dann begab er sich auch im nächsten Dorf, auf das er stieß, wieder zum Dorflehrer. Er fragte: »Was für Menschen leben in diesem Ort?« Und der Dorflehrer antwortete: »Mein Sohn, sprich freiheraus. Was für Menschen lebten in der Stadt, aus der du kommst?« »Nun«, sagte der Junge diesmal, »sie waren freundlich, sie waren großzügig, sie waren liebenswürdig zu mir. War ich krank, besuchten sie mich und brachten mir Suppe. Und sie waren wirklich sehr nett; sie gaben mir Geld, als ich ging. Es waren ganz wundervolle Menschen.« Und der Dorflehrer sagte: »Hier sind sie genauso, mein Sohn. Das ist das richtige Dorf für dich. Bleibe.«

Was will uns diese Geschichte sagen? Sie will uns sagen, dass wir, wohin wir auch gehen, uns selbst begegnen. Die Welt, die wir sehen, ist die Welt, die wir sind. Wir betrachten alles unablässig durch unsere geistige

Brille. Im Laufe der Zeit gab es immer Menschen, die alle möglichen Utopien anpriesen, wie Sozialismus, Kommunismus, Kommunen und Sonneninseln, wo wir alle in Frieden und Harmonie leben könnten und die Liebe den höchsten Rang einnähme. Solche Utopien gab es zu allen Zeiten. Du weißt genauso gut wie ich, was daraus wurde.

Wenn wir uns an die goldene Regel und das Gesetz der Liebe hielten, bräuchten wir keine Utopien oder Gärten Eden oder dergleichen. Wir hätten den Himmel auf Erden. Die goldene Regel steht in allen Bibeln der Welt. Sie lautet: »Liebe deinen Mitmenschen wie dich selbst« (Römer 13, 9). Du bräuchtest dich nur an diese goldene Regel zu halten und die anderen so zu behandeln, wie du selbst behandelt werden willst. Hielten die Menschen sich daran, gäbe es keinen Grund mehr für Krieg, Krankheit und Leid; es gäbe keinen Grund mehr für Armeen, Kriegsflotten und Soldaten. Wir hätten den Himmel auf Erden; so einfach ist das.

Du kannst die goldene Regel zitieren, aber würdest du sie praktizieren, bräuchten wir all das nicht mehr. Das sind Wahrheiten, die schon seit Jahrtausenden gelehrt werden. Genau wie das große Gesetz der Liebe. Die goldene Regel gibt es seit zehntausend Jahren. Aber die Menschen handeln nach ihrer Konditionierung; nach ihren Ängsten, ihrem Hass, ihren Vorurteilen. Werden sie von Unwissenheit beherrscht, führt das zu Streit und Leid. Als Buddha in seiner Meditation die Gottesgegenwart nach der Ursache all der Not und des Elends und der Verbrechen in Indien fragte, lautete die Antwort – Unwissenheit. Deshalb ist Unwissenheit die einzige Sünde; und die Folge ist all das Leid und Elend auf der Welt.

Bringe den Menschen die uneingeschränkte göttliche Fähigkeit bei, nach innen zu gehen und für sich Führung, Inspiration, Wohlstand, Reichtum, Erfolg und den wahren Platz im Leben zu beanspruchen; dann hast du ihnen den Schlüssel gegeben. Die unendliche Intelligenz wird ihnen antworten und ihnen neue Türen öffnen. Dann wollen sie niemandem auf der Welt mehr wehtun, denn sie haben die Quelle in sich gefunden. Dann können sie Wohlstand, ihren wahren Platz im Leben und echten Ausdruck, Heilung und alles andere unter der Sonne finden. Deshalb ist Unwissenheit die einzige Sünde. Das Wissen um die geistigen Gesetze und den Weg des himmlischen Geistes führt zu Gesundheit, Glück und Frieden, Fülle und Sicherheit.

Sagst du: »Die unendliche Intelligenz führt mich und leitet mich an«, wirst du erhört. Sagst du: »Das göttliche rechte Handeln ist mein«, wirst du erhört. Sagst du: »Die unendliche Intelligenz offenbart mir meine verborgenen Talente, sie öffnet mir eine neue Tür, durch die ich mich auf höchster Ebene ausdrücken und meine Fähigkeiten in höchstem Maße entfalten kann«, so wird dir diese Tür geöffnet. Ich halte dir die Tür auf, und niemand kann sie mehr schließen. Das Wesen der unendlichen Intelligenz ist Entgegenkommen. Von nun an zapfst du deinen tieferen Verstand an. Ich habe dir den Schlüssel gegeben. Du willst nicht mehr das, was andere haben. Du willst nicht mehr ihre Kühe, ihre Ochsen, ihre Esel oder sonst etwas, was ihnen gehört; denn du kannst nun den Ursprung aufsuchen und das Gleiche für dich beanspruchen.

Was immer du in dem Gefühl für dich beanspruchst, dass es wahr ist, wird der himmlische Geist erhören, für gültig erklären und ausführen. Das vertreibt alle Eifersucht, jeglichen Neid und Ähnliches.

Ein Handelsvertreter der Pharmaindustrie suchte einmal einen befreundeten Arzt auf. Er vertrat eine Firma, die ein neues Medikament für eine bestimmte Krankheit auf den Markt gebracht hatte. Der Arzt war ein Freund von ihm, sie spielten Golf miteinander und Karten. Der Arzt beschimpfte und kritisierte seinen Freund lautstark und kritisierte auch gleich die ganze Pharmaindustrie. Der Vertreter war fassungslos und entsetzt. Die Krankenschwester nahm ihn zur Seite und meinte: »Geben Sie nichts auf das, was er gerade gesagt hat. Sein einziger Sohn starb gestern Abend auf dem OP-Tisch, und alles, was sie versuchten, scheiterte.« Darauf sagte der Handelsvertreter: »Ich verstehe.« Man beachte, wie die Verärgerung, der innere Aufruhr einfach abfällt, wenn wir von der Trauer, dem Kummer und der Tragödie hören, die ein anderer erleidet. Das Herz des Vertreters wurde weich, und die Liebe übernahm. Deshalb verstand er. Alles verstehen heißt, alles zu vergeben.

Vor einigen Jahren las ich von einer Frau, die die Polizei angerufen und erklärt hatte, ihr Mann bedrohe sie mit einem Gewehr. Natürlich kam die Polizei, fand aber nirgends im Haus ein Gewehr. Die Zeitungen griffen die Geschichte auf. Die Frau hatte sich sehr aufgeregt, und das Ehepaar hatte sich heftig gestritten. Unter dem Einfluss ihrer irrationalen Emotionen hatte die Frau die Polizei gerufen.

Sie sagte, er habe gedroht, sie zu erschießen. Die Veröffentlichung im Lokalblättchen ruinierte den Mann beruflich. Es tat ihr sehr Leid, sie bedauerte es, aber der Schaden war angerichtet. Das können irrationale Emotionen bewirken. Negative Emotionen zwingen einen dazu, sie auszuleben. Willst du nett sein, bist du gehässig; willst du erfolgreich sein, scheiterst du. Emotionen töten; Emotionen heilen. »Geduld bringt weiter als Heldentum« (Sprichwörter 16, 32). Und weshalb? Weil du erkennst, dass in dir eine Macht ist, die dir Frieden verleiht. »Wenn ihr gelassen abwartet und mir vertraut, dann seid ihr stark« (Jesaja 30, 15). Die Frau bedauerte, den Ruf ihres Ehemanns beschädigt zu haben. Sie war das Opfer einer irrationalen Kraft namens Zorn geworden. Emotionen zwingen uns, sie auszuleben.

Viele Menschen werden von Leidenschaften, Zorn und Hass angetrieben und sind Opfer ihrer irrationalen Emotionen. Aus dieser Opferrolle kann man sich befreien, indem man sich die Frage stellt: »Ist dies die unendliche Intelligenz und göttliche Liebe, die durch mich denkt, spricht und handelt?« Falls nicht, nimm Abstand von deinen Emotionen, stimme dich auf das Unendliche ein und erkenne: »Die unendliche Intelligenz ist mein Führer, mein Berater, mein Problemlöser. Ihr Frieden erfüllt meine Seele. Ich fühle unendlichen Frieden und vollkommene Harmonie, und ich lebe am geheimen Ort des Allerhöchsten. Ich verweile im Schatten des Allmächtigen. Ich werde vom Herrn sagen, dass er meine Zuflucht, meine Festung, mein Gott ist. Ihm vertraue ich. Dies ist die uneinnehmbare Festung. Hier wohne ich jenseits von Zeit und Raum. Hier bin ich im Einklang mit dem Unendlichen, das lächelnd in mir ausgestreckt liegt, und ich weiß, in der Stille allein zu sein bedeutet, mit Gott allein zu sein. Dort kann mich niemand belagern.« Diese göttliche Betrachtung löscht alle negativen Gedanken und Emotionen aus und heilt dich.

Es ist unmöglich, alle Einzelheiten des Lebens anderer zu kennen. Wir wissen nichts von ihrer frühen Ausbildung, ihrer Indoktrination, ihren religiösen Tabus und ihrer Engstirnigkeit und ihrer Konditionierung, die bewirkt, dass sie gemein und voll Feindseligkeit sind. Falsche religiöse Überzeugungen und Hass gegenüber anderen religiösen Überzeugungen haben schon den Verstand von Millionen geprägt. In vielen Teilen der Welt kämpfen die Menschen heute noch für ihre religiösen Überzeugungen. Dabei sollte Religion dir Freude bereiten, dir Frieden geben, dir Glückseligkeit verschaffen; deshalb schreibt Johannes im 1. Brief, der vor Irrlehren warnt: »Er erfüllt uns mit großer Freude. In Ihm gibt es keine Spur von Finsternis.« Im Johannesevangelium heißt es: »Bisher habt ihr nichts in meinem Namen erbeten. Bittet, und ihr werdet es bekommen, damit eure Freude vollkommen und ungetrübt ist. Ich habe euch dies gesagt, damit meine Freude euch erfüllt und an eurer Freude nichts mehr fehlt.« Im Galaterbrief preist Apostel Paulus die spirituelle Freiheit: »Der Geist Gottes dagegen lässt als Frucht eine Fülle von Gutem wachsen, nämlich Liebe, Freude und Frieden, Geduld, Freundlichkeit und Güte, Treue, Bescheidenheit und Selbstbeherrschung.«

Diese Kräfte sind in dir. Deshalb hast du die wundervolle Gelegenheit, an die ganze Menschheit Liebe, Frieden und Wohlwollen auszustrahlen. Es kostet dich nichts; es zahlt sich auf wunderbare Weise aus.

Manchmal, wenn du in den Wald gehst, siehst du, wie die Bäume pfeilgerade nach oben wachsen, und nur ein Baum ist schmaler und verdreht. Vielleicht war dort ein Zaun, als er noch ein Schössling war, oder ein Felsblock; vielleicht haben ihn auch die Menschen verbogen, sich auf ihn gesetzt. Jedenfalls ist die Ursache längst Vergangenheit, obwohl die Wirkung anhält. Genauso haben wir verdrehte, entstellte, verbogene Gesinnungen. Vielleicht begann alles in der Kindheit. In manchen Teilen der Welt wird Protestanten beigebracht, Katholiken zu hassen, und Katholiken beigebracht, Protestanten zu hassen. Es gibt die Geschichte des Iren, der nach Nordirland ging und dort einige Monate verbrachte. Nach seiner Rückkehr fragten ihn die anderen, wie es ihm gefallen habe. »Tja«, sagte er, »die Katholiken hassen die Protestanten. Kleine siebenjährige Jungen werfen mit Steinen nach Soldaten. Kleine siebenjährige Mädchen lernen sogar schon, mit Granaten nach Protestanten zu werfen, Protestanten kämpfen gegen Katholiken, und Katholiken kämpfen gegen Protestanten. Es ist beängstigend. Ich wünschte, sie wären allesamt Heiden, damit sie wie Christen miteinander leben könnten.«

Diese Geschichte ist natürlich nicht frei von Humor. Aber sie zeigt die Geisteshaltung, die Konditionierung. Muslime, Hindus und Menschen anderer religiöser Überzeugungen bekämpfen einander. Im Laufe der Jahrhunderte gab es immer wieder Religionskriege. Dabei bereitet wahre Religion einem stets Freude. Der Anhänger der wahren Religion ist einem Gott der Liebe verpflichtet. Wird ein Gott der Liebe in deinem Geist auf den Thron gesetzt, dominiert dies alle anderen Gedanken, Gefühle, Überzeugungen, Aktionen und Reaktionen. Das ist die ideale Religion.

Du musst demonstrieren, woran du glaubst. Du musst deine religiöse Überzeugung zum Ausdruck bringen. Sie muss sich in deinem Körper, deinem Zuhause, deiner Brieftasche und deiner Beziehung zu Menschen, deiner Kunst, deiner Wissenschaft und deinem Beruf zeigen. Wo zeigt sie sich bei dir? Du bringst zum Ausdruck, woran du glaubst.

Du würdest es doch keinem verübeln, wenn er beidseitig gelähmt wäre oder eine angeborene Missbildung hätte, oder ihm deshalb gar feindselig entgegentreten. Menschen mit verdrehter, entstellter Gesinnung greifen oft diejenigen an, die am nettesten zu ihnen sind; ihr innerer Frieden, ihre Gelassenheit und ihr Gleichmut werden dann von ihrer schäumenden Unruhe entlastet; deshalb verlangt es sie unbewusst danach, andere in ihren gestörten Geisteszustand hinabzuziehen. Sie würden es leugnen; dennoch ist es absolut wahr. Elend leidet nicht gern allein. Diese Menschen denken: »Weshalb sollte er Glück und Frieden empfinden, wenn es mir so schlecht geht?« Also ziehen sie dich auf ihr Niveau hinunter. Lass dich nie in die negativen geistigen Schwingungen anderer verwickeln. Lass dich nicht von ihnen hinunterziehen. Lässt du das zu, wirst du von ihrer negativen, zerstörerischen Stimmung angesteckt.

»Verurteilt nicht andere, damit Gott nicht *euch* verurteilt! Denn euer Urteil wird auf euch zurückfallen, und ihr werdet mit demselben Maß gemessen werden, das ihr bei anderen anlegt« (Matthäus 7, 1–2). Wir alle können geistiges Leid, Angst und Spannungen vermeiden, indem wir aufhören, innerlich Urteile zu fällen. Der römische Kaiser Mark Aurel schrieb vor zweitausend Jahren: »Wo keine Meinung ist, da ist kein Leid; wo kein Urteil ist, da ist kein Schmerz.« Also enthalte dich des Urteils; bleibe frei von Schmerz. Wenn ich eine weiße und eine schwarze Socke trüge, und du würdest es sehen und wärst entsetzt, *wer* wäre dann entsetzt? Du. Ich wüsste nicht einmal, dass ich sie anhabe. Du bist über dich selbst entsetzt.

Du bist die Ursache deines Leids. Wenn du dich darüber aufregst, was ein Politiker, ein Präsident oder irgendein Senator gesagt, getan oder unterlassen hat, wer leidet dann? *Du* leidest. Natürlich weißt du, dass du selbst die Ursache deines Leids bist. Deinem Urteil oder deinem Verdikt nach, das in deinem Geist getroffen wurde. Deshalb bist *du* auch die Ursache. Lass deine Meinung ruhen. Ist die Gurke bitter, iss sie nicht. Sind auf der Straße Dornensträucher oder sonstiges Gestrüpp, fahre drumherum. »Wo kein Urteil ist, da ist kein Schmerz.«

Es gibt nichts Verborgenes, das nicht zu Tage tritt, nichts Vertuschtes, das nicht bekannt gemacht wird. Wenn du dich aufregst und darüber in Wut gerätst, was der Kolumnist in der Morgenzeitung geschrieben hat, nun, es steht ihm frei, das zu schreiben. Dafür steht es dir frei, einen konstruktiven Brief abzufassen, der das Ganze verwirft und jeden einzelnen Grund aufführt, weshalb du ihm nicht beipflichtest. Du solltest spirituelle Reife zeigen und erkennen, dass der Autor aus seiner Perspektive schreibt und es dir völlig freisteht, ihm nicht beizupflichten. Es steht dir doch auch frei, einen konstruktiven Brief an deinen Senator oder Kongressabgeordneten oder Vorstand zu schicken, an wen auch immer, und ihm mitzuteilen, was du denkst und wovon du überzeugt bist. Du kannst sachlich erläutern, weshalb man es Verbrechern nicht erlauben sollte, wegen einer formalen Spitzfindigkeit frei auf Gottes weiter Erde herumzulaufen, und weshalb man auch Vergewaltiger nicht wegen irgendeines Formfehlers wieder auf freien Fuß setzen sollte. Das alles kann man auf sehr konstruktive Weise tun.

Regst du dich aber auf und gerätst in Wut, willst du unbedingt Ärger haben. Und wer hat dann den Ärger? *Du.* Wer ist verletzt? *Du.* Löchere bei einer Konferenz nicht das Ego der anderen. Es ergibt keinen Sinn, die Luft aus ihnen herauszulassen. Vielleicht sind ihre Ideen albern, aber du erzeugst durch ein solches Verhalten nur Feindseligkeit. Du könntest auch sagen: »Deine Idee ist interessant; man sollte ihr nachgehen. Hier ist meine Idee; vielleicht ist sie nicht viel besser, aber ich sehe es folgendermaßen: …« Du respektierst die anderen, und so werden sie aller Wahrscheinlichkeit nach auch dir einen gewissen Respekt entgegenbringen, weil du ihnen Respekt erweist. Wir sind alle Söhne und Töchter des Allerhöchsten; wir sind Kinder der Ewigkeit. Deshalb behandelt man niemanden rücksichtslos und sagt: »Ich glaube es, und deshalb solltest du es auch glauben. Dies ist meine Meinung; übernimm sie.« Nein, du erweist ihnen allen Respekt. Du trägst deine Idee einfach vor, ohne die anderen anzugreifen oder lächerlich zu machen. Das führt nur zu Groll und Gegnerschaft, was weder für dich noch für die anderen ein Vorteil ist. Respektiere sie. Sie handeln entsprechend dem Niveau ihrer Geisteshaltung.

Ein Ehemann kritisierte, wenn er nach Hause kam, ständig seine Frau, nörgelte an ihrem Haar herum, an ihrem Essen und daran, wie sie die Kinder erzog. Sie begann reichlich Tränen zu vergießen, und das bereitete ihm Genugtuung. Er empfand Sadismus beim Anblick ihrer Tränen. Aber auch mit Worten kannst du sadistisch umgehen. Du kannst in einen Schreikrampf verfallen und brüllen: »Du bringst mich noch um. Deinetwegen bekomme ich noch einen Herzinfarkt. Du bist der Grund für mein ganzes Leid.« Damit begehst du praktisch emotionale Erpressung. Du willst den anderen dazu bringen, dass er oder sie tut, was du willst. In diesem Moment bist du selbstsüchtig. Du hast eine tyrannische Geisteshaltung. Lass dich zu so etwas nicht hinreißen.

Der Mann, der seine Frau kritisierte und zum Weinen brachte, bekam genau das, was er wollte.

Ich riet der Frau: »Sie sollten besser aufwachen. Sagen Sie Ihrem Mann, dass er Sie durch seine Bemerkungen nicht länger kränken kann. Sagen Sie ihm: ›Ich mache dein Spiel nicht mehr mit. Deine Nörgeleien stören mich nicht mehr, weil ich mir meine eigenen Gedanken mache. Ich wende mich wieder an das Unendliche, das mein Führer und mein Berater ist. Ich werde eine Hymne singen. Ich werde den Teppich saugen oder einen Spaziergang machen. Ich stimme mich auf den Ewigen ein, einen, der in den Herzen aller Menschen lebt.‹«

Nicht seine Worte nahmen sie so sehr mit, sondern das, was er über sie dachte. Es war die Richtung, die ihr eigenes Denken nahm. Die Suggestionen, Behauptungen und Aussagen anderer haben nicht die Macht, dich zu beunruhigen. Es ist immer dein eigenes Denken.

Manche genießen es, von anderen verletzt zu werden. Da gab es diese Frau in London, die von ihrem Mann geschlagen wurde. Immer wieder kam er betrunken nach Hause und verprügelte sie. Schließlich wurde er deshalb verhaftet. Der Richter sagte zu der Frau, die bei der Verhandlung anwesend war: »Haben Sie noch etwas zu sagen, bevor wir das Urteil über Ihren Mann sprechen?« »Ach«, sagte sie, »Euer Ehren. Ich liebe ihn doch so sehr.« Er sagte: »Madam, Sie wissen nicht, was Liebe ist. England liebt ihn nicht. Er bekommt drei Jahre Gefängnis.«

Liebe bestraft nicht. Liebe handelt nicht lieblos. Die arme Frau hasste sich und wollte, dass jemand sie bestraft. Und er bestrafte sie ein ums andere Mal. Das ist falsch. Liebe handelt nicht lieblos. Liebe befreit, Liebe gibt; Liebe ist der himmlische Geist Gottes. Die Kinder der Liebe sind Frieden, Harmonie, Freude, Wohlwollen, Freundlichkeit, Aufrichtigkeit und Gerechtigkeit. Liebst du eine Frau oder einen Mann, willst du diese Person glücklich, froh und frei sehen. Du handelst nicht lieblos. Du machst keine schneidenden Bemerkungen. Du kritisierst nicht. Und ganz sicher schlägst du deine Liebste oder deinen Liebsten nicht. Liebe kommt von Gott, und Gott ist Liebe. Liebt ihr einander, seht ihr in euch die Gegenwart Gottes. Ihr sagt: »Was wahr an Gott ist, ist auch wahr an dieser Person.« Das nennt man Liebe.

Dann gibt es noch die, die andere gern reizen. Sie können es nicht lassen, schneidende Bemerkungen zu machen oder einen in Verlegenheit zu bringen. Weshalb tun sie das? Du musst verstehen, dass sie frustriert sind, dass sie einen Minderwertigkeitskomplex haben; sie fühlen sich unzulänglich. Es verschafft ihnen so etwas wie eine morbide Genugtuung, dir wehzutun. Aber man kann dir nicht wehtun. Du sagst: »Gott wohnt in mir; er wandelt und spricht durch mich. Gott ist mein Führer.« Die Suggestionen anderer haben nicht die Macht, das zu erschaffen, was sie dir einflüstern wollen.

Es ist das Lebensprinzip. Es brachte dein Herz zum Schlagen. Es beseelt und erhält dich. Es sorgt für dich, wenn du tief schläfst. Gehst du die Straße entlang, geht auch dein himmlischer Geist die Straße entlang. Hebst du einen Stuhl an, hebt dein himmlischer Geist den Stuhl an. Dein Körper tut nichts. Dein Körper bewegt sich, als würde er bewegt. Dein Körper handelt, als würde durch ihn gehandelt. Gott ist der Vorfahr, die schöpferische Macht. Es gibt nur eine schöpferische Macht, nicht zwei oder drei oder tausend. Man macht niemanden zur Ursache, wenn Er dein Vater ist, der lebendige himmlische Geist.

Bringt jemand die in dir schlummernde Aggressivität zum Ausbruch? Verletzt jemand deinen Stolz? Will Rogers, ein amerikanischer Komiker und Entertainer, der Anfang des zwanzigsten Jahrhunderts wie kein anderer den Geist seiner Generation verkörperte, machte einmal einen herrlichen Witz. Jemand sagte zu ihm:

»Wissen Sie, einer meiner Vorfahren kam auf der *Mayflower* herüber.« Darauf Rogers: »Nun, meine Vorfahren begegneten ihm auf dem Schiff.« Du bist stolz auf dein spirituelles Erbe auf die Göttlichkeit, die dich formt, denn Gott ist unser aller Vater. Deshalb bist du auch stolz auf deine spirituelle Herkunft, denn du zeugst vielleicht Kinder, aber du erschaffst sie nicht.

Alle Kräfte Gottes sind in dir. Sieh dir all jene an, die sich um die Menschheit verdient gemacht haben, ob ein amerikanischer Präsident wie Abraham Lincoln, unter dessen Regierung die Sklaverei abgeschafft wurde, oder ein britischer Premierminister wie Winston Churchill, ein Motor des Widerstands gegen das Dritte Reich; ob ein amerikanischer Erfinder wie Thomas Alva Edison, der die erste industriell nutzbare Glühbirne und den Vorläufer des Grammophons erfand, oder ein italienischer Physiker wie Guglielmo Marchese Marconi, dem wir die drahtlose Übermittlung von Radiowellen verdanken; ob die Krankenschwester und Lehrerin Clara Barton, die das amerikanische Rote Kreuz gründete, oder die blinde und taubstumme Sozialreformerin Helen Keller aus Alabama, die sich für eine einheitliche Blindenschrift einsetzte – wer immer sich um die Menschheit verdient gemacht hat, wir ehren ihn. Wir haben Monumente für ihn errichtet; wir sprechen über ihn, weil er zu den Segnungen der Menschheit beitrug.

Du kannst an alle Menschen Liebe, Frieden und Wohlwollen ausstrahlen; verlange nichts von den Menschen; erwarte nichts von den Menschen. Setze deine Erwartungen in Gott. Dann wirst du niemals enttäuscht werden. Was du erwartest, bekommst du auch. Erwarte die Reichtümer des Unendlichen. Erwarte Führung, Harmonie, Gesundheit, Frieden, Freude, Fülle und Sicherheit. Erwarte erstaunliche und wundervolle Dinge, denn wie Shakespeare wusste: »Ist unser Mut bereit, so sind auch wir es« (Heinrich der Fünfte, IV/3).

Deshalb lebe im Gefühl der Erwartung. Lebe in der frohen Erwartung des Besten; unvermeidlich wird dir das Beste widerfahren, weil du immer bekommst, was du erwartest. Übergebe alle dem Unendlichen. Wünsche ihnen Gesundheit, Glück, Frieden und alle Segnungen des Himmels. Und erkenne, dass die unendliche Intelligenz dich auf all deinen Wegen führt und leitet. Zu deinen Füßen brennt stets ein Licht; es erleuchtet deinen Weg. Göttliches Gesetz und göttliche Ordnung beherrschen dein Leben. Göttlicher Frieden erfüllt deine Seele.

Hast du es mit schwierigen Menschen zu tun und stellst fest, dass sie dir Probleme bereiten, dann sprich: »Ich übergebe sie alle (nenne ihre Namen) dem Unendlichen, der sie erschuf. Diese Gottesgegenwart hält sie in göttlicher Ordnung durch göttliche Liebe aus meinem Leben fern und hält mich aus ihrem Leben fern.«

Und alle ihre Wege werden Wege der Heiterkeit und alle ihre Pfade werden Pfade des Friedens sein. In der Bibel heißt es: »Wenn ihr Gott um irgendetwas bittet, müsst ihr nur darauf vertrauen, dass er eure Bitte schon erfüllt hat, dann *wird* sie auch erfüllt« (Markus 11, 24). Dem, der glaubt, ist alles möglich. Glauben heißt, für wahr zu halten. Aber viele Menschen glauben an das vollkommen Falsche. Folglich leiden sie im Umfang ihres Glaubens. Glauben heißt, etwas als Wahrheit anzunehmen, in dem Zustand zu leben, dass es so ist, und empfänglich dafür zu sein.

Glaube an die Güte Gottes im Land der Lebenden; glaube an die Führung des Unendlichen; glaube an die Reichtümer des Unendlichen; glaube an einen Gott der Liebe, der über dich wacht, dich erhält und stärkt; dann wird dir nach deinem Glauben geschehen.

Glaubst du beispielsweise, dass Los Angeles in Arizona liegt, und adressierst deinen Brief entsprechend, wird er nicht ankommen. Bedenke, dass etwas anzunehmen heißt, es geistig als Wahrheit anzuerkennen. Glaube an die Güte Gottes im Land der Lebenden, und all deine Wege werden Wege der Heiterkeit und all deine Pfade werden Pfade des Friedens sein.

Zusammenfassung

1. Der beste Weg, miteinander auszukommen, besteht darin, die Göttlichkeit im anderen zu begrüßen und zu erkennen, dass jeder Mann und jede Frau eine Verkörperung aller Menschen und ein Beispiel für die Menschheit ist.

2. Ehrst du dieses Göttliche, das im Schlaf über dich wacht und deinen Atem und Herzschlag, deinen Kreislauf, Metabolismus und alle Phasen deines Lebens reguliert –, so erhört es dein Gebet. Wenn du es achtest und ehrst, wirst du es auch in den anderen achten. Achtest du es nicht in dir, kannst du es auch in den anderen nicht achten.

3. Frieden ist die Macht im Herzen Gottes. Das Unendliche, sagt der Philosoph Ralph Waldo Emerson, liegt lächelnd in dir ausgestreckt. Einzig das Endliche hat sich geplagt und gelitten. Das Endliche ist dein Bewusstsein, das alle Probleme enthält, doch in den Tiefen deines Selbst herrschen vollkommener Segen und vollkommene Harmonie.

4. Strahle an alle Liebe und Wohlwollen aus. Es kostet nichts; es zahlt sich auf wunderbare Weise aus.

Erkenne, dass niemand, der sich anpassen kann, streitsüchtig, feindselig, gehässig und mürrisch ist.

5. Unwissenheit ist die einzige Sünde. Das Wissen um die geistigen Gesetze und den Weg des himmlischen Geistes führt zu Gesundheit, Glück und Frieden, Fülle und Sicherheit.

6. Wahre Religion bereitet einem Freude. Der Anhänger der wahren Religion ist einem Gott der Liebe verpflichtet. Wird also in deinem Geist ein Gott der Liebe auf den Thron gesetzt, dominiert das alle anderen Gedanken, Gefühle, Überzeugungen, Aktionen und Reaktionen. Das ist die ideale Religion. Dann lässt der Geist Gottes als Frucht eine Fülle von Gutem wachsen, »nämlich Liebe, Freude und Frieden, Geduld, Freundlichkeit und Güte, Treue, Bescheidenheit und Selbstbeherrschung« (Galater 5, 22–23).

7. Hast du es mit schwierigen Menschen zu tun und stellst fest, dass sie dir Probleme bereiten, dann sprich: »Ich übergebe sie alle (nenne ihre Namen) dem Unendlichen, der sie erschuf. Diese Gottesgegenwart hält sie in göttlicher Ordnung durch göttliche Liebe aus meinem Leben fern und hält mich aus ihrem Leben fern.«

8. Glaube an die Güte Gottes im Land der Lebenden; glaube an die Führung des Unendlichen; glaube an die Reichtümer des Unendlichen; glaube an einen Gott der Liebe, der über dich wacht, dich erhält und stärkt; dann wird dir nach deinem Glauben geschehen.

Allegria
inspiration

DR. JOSEPH MURPHY
Wie uns die Liebe heilt
Laminierter Pappband, 160 Seiten
€ [D] 10,– / € [A] 10,30
sFr 18,50
ISBN-13: 978-3-7934-2050-7
ISBN-10: 3-7934-2050-7

Liebe ist die subtile Ausstrahlung des Menschen, durch die er das Gefühl von Einssein mit allem Leben hat. Wenn der Mensch nach Liebe in anderen sucht, wird er sie auch finden. Wenn wir die Welt im richtigen Licht sehen, werden wir auch den Überfluß des Lebens finden…«

Joseph Murphy